民族地区精准扶贫难点问题研究

方　堃 / 著

国家民委民族研究项目
中央高校基本科研业务费项目　　研究成果

中国城市民族与宗教事务治理研究中心
湖北民族地区经济社会发展研究中心　　资助

科学出版社
北　京

内 容 简 介

本书围绕中共十九大提出的坚决打赢脱贫攻坚战的要求，以贫困治理体系和治理能力现代化为背景，理论联系实际地研究阐述民族地区如何破解制约脱贫的关键瓶颈和突出困难，认为应基于公共治理的视角，打破传统碎片化、分散化的扶贫格局，着力构建趋于整体性治理的反贫困机制。从产业扶贫、旅游扶贫、电商扶贫、易地扶贫搬迁、教育扶贫、健康扶贫、社会扶贫、基础设施扶贫等多维实践中总结和凝练出民族地区精准扶贫难点问题，并以问题为导向，将其纳入系统性、整体性、协同性的思维框架中探寻解决之策。

本书适合从事贫困治理问题研究的专家学者、高等院校相关专业研究生、民族地区各级党政领导干部和基层一线扶贫工作者参考阅读。

图书在版编目（CIP）数据

民族地区精准扶贫难点问题研究 / 方堃著. —北京：科学出版社，2018.6

ISBN 978-7-03-057727-6

Ⅰ. ①民… Ⅱ. ①方… Ⅲ. ①民族地区–扶贫–研究–中国 Ⅳ. ①F127.8

中国版本图书馆 CIP 数据核字（2018）第 115558 号

责任编辑：徐 倩 / 责任校对：孙婷婷
责任印制：吴兆东 / 封面设计：无极书装

科学出版社 出版
北京东黄城根北街 16 号
邮政编码：100717
http：//www.sciencep.com

北京虎彩文化传播有限公司 印刷
科学出版社发行 各地新华书店经销
*
2018 年 6 月第 一 版 开本：720 × 1000 1/16
2018 年 6 月第一次印刷 印张：9 3/4 插页：2
字数：192 000

定价：72.00 元

（如有印装质量问题，我社负责调换）

作者简介

方　堃

男，湖北武汉人，管理学博士、政治学博士后，副教授、硕士生导师，中南民族大学公共管理硕士（MPA）教育中心常务副主任，公共事业管理系主任，武汉大学访问学者，兼任湖北省人文社科重点研究基地“湖北民族地区经济社会发展研究中心”副主任。主持和完成国家、省部级科研项目9项，出版著作4部，发表论文50多篇。曾获国家民委社会科学研究成果奖三等奖、湖北省社会科学优秀成果奖一等奖。

序

中共十八大以来，我国贫困治理体系不断创新完善，贫困治理能力逐步提高，精准扶贫精准脱贫取得了伟大成就。中共十九大报告提出，重点攻克深度贫困地区脱贫任务，确保到2020年我国现行标准下农村贫困人口实现脱贫，贫困县全部摘帽，解决区域性整体贫困，做到脱真贫、真脱贫。这为扶贫工作注入了新动力，提出了新要求，开启了新征程，持续推动着新时代中国贫困治理现代化。

我国民族地区贫困面广、贫困程度深，是当前脱贫攻坚最难啃的硬骨头。深入研究民族地区精准扶贫难点问题，对于攻克坚中之坚，解决难中之难，打赢脱贫攻坚战，决胜全面建成小康社会，具有十分重要的理论和实践意义。我很高兴看到摆在面前的这本由方堃所著的《民族地区精准扶贫难点问题研究》。该书是他近年来对民族地区精准扶贫工作调查思考的理论成果和长期从事贫困治理研究的结晶，也是学习贯彻十九大精神，积极响应“攻克深度贫困”的号召，发挥民族院校学科专业优势，助力民族地区精准脱贫的行动体现。

纵览全书，我认为该书在如下几个方面有其鲜明的特色。

一是研究视角独特新颖。基于对我国贫困问题的科学认识，习近平总书记2013年11月在湖南省湘西土家族苗族自治州十八洞村考察时首次提出“精准扶贫”概念，为脱贫攻坚提供了一把“金钥匙”。该书紧密围绕精准扶贫精准脱贫方略，综合运用政治学、社会学、公共管理学等多学科理论、方法和技术以及实地调研所获得的数据与资料，从整体性治理视角出发，提出民族地区要打破碎片化、分散化的扶贫格局，着力构建跨层级、跨功能和跨部门整合的反贫困机制。这种研究视角在国内同类成果中具有新颖性，对贫困治理研究的拓新，是一个有益的启示。

二是分析过程系统全面。回顾我国贫困问题研究的历程，可以说，以往的研究成果多以单个扶贫项目为对象，内在逻辑与结构的完整性相对欠缺。该书将精准扶贫视为一项复杂的系统工程，注重政府、市场和社会的合作共治，相关部门扶贫政策的衔接及“互联网+扶贫”方法的嵌入，从贫困治理体系和治理能力建设的多维实践中，分析问题、总结经验、探寻破解之策。作者在研究的过程中不仅考虑到民族地区产业扶贫、旅游扶贫、电商扶贫、易地扶贫搬迁、教育扶贫、健康扶贫、社会扶贫、基础设施扶贫等模式的独立性，还突出强调各项扶贫模式的协同性和联动性。

三是对策建议切实可行。我国贫困问题具有显著的区域性特征，如果不能结合少数民族和民族地区的特点，这样的研究就可能只是泛泛而论。作者科学地分析导致民族地区深度贫困的特殊历史、自然地理、经济和社会文化原因，紧盯最困难的地方，瞄准最困难的群体，扭住最急需解决的问题，理论联系实际地研究脱贫攻坚的策略选择。对于这部分的研究，我认为该书最大的亮点，是将区域、族群和个体置于主体与客体、时间与空间、国家与社会、政府与市场高度整合的整体性扶贫视域，构建了适应少数民族深度贫困地区脱贫攻坚需要的支撑保障体系。

今后三年将是民族地区决胜脱贫攻坚、冲刺全面小康的关键时期，衷心希望学界同仁在作者和其他学者的研究基础上，继续关注民族地区精准扶贫问题，为全面推进新时代民族地区经济社会协调发展贡献更多智慧。

丁 煌

2017年12月15日于武汉

前　言

自 2013 年我国开始实施精准扶贫战略以来，6000 多万贫困人口稳定脱贫，贫困发生率从 10.2%下降到 4%以下，脱贫攻坚战取得决定性进展。2017 年 6 月 23 日，习近平总书记在深度贫困地区脱贫攻坚座谈会上指出，当前脱贫攻坚的主要难点是深度贫困。主要难在以下几种地区：一是连片的深度贫困地区，西藏、四省藏区、新疆南疆四地州和四川凉山彝族自治州、云南怒江傈僳族自治州、甘肃临夏回族自治州（简称三区三州），贫困发生率普遍在 20%左右；二是深度贫困县，全国最困难的 20%的贫困县，贫困发生率平均为 23%，县均贫困人口近 3 万人，分布在全国 14 个省份；三是贫困村，全国 12.8 万个建档立卡贫困村居住着 60%的贫困人口。这些连片的深度贫困地区全部分布在民族地区，深度贫困县和贫困村也大多分布在民族地区。因此，对于民族地区精准扶贫难点问题的研究，无论从理论上说还是从实践角度看，都具有尤为重要的意义。

深化民族地区精准扶贫精准脱贫，是解决人民日益增长的美好生活需要和不平衡不充分的发展之间矛盾的必然要求，是实现“两个一百年”奋斗目标的必然要求，是实现全体人民共同富裕的必然要求。较之于全国其他地区，民族地区发展基础薄弱，扶贫开发难度大，地区之间、城乡之间、民族之间经济状况错综复杂。同时，民族地区的脱贫攻坚离不开民族区域自治制度和特殊的自然与人文环境，涉及如何处理上级机关和自治机关、民族干部和汉族干部以及各族群众之间的关系等问题，应当说，民族地区更需要从实际出发，因地制宜、精准施策，凝心聚力打好精准脱贫攻坚战。

本书将理论与实践相结合、普遍性与差异性相统一，以善治为中心诠释精准扶贫的理论内涵，坚持精准识别、精准帮扶、精准管理、精准考核，从跨层级、跨功能和跨部门三个维度，构建趋于整体性治理的精准扶贫模型及运作机制，力图探寻破解民族地区扶贫开发碎片化、分散化难题的理论策略，以促进民族地区贫困治理体系和治理能力现代化。作为新时代我国一项重大决策部署，精准扶贫战略的实施，为民族地区扶贫开发注入了新的动力，一批批贫困地区改变了贫穷落后的面貌。然而，对民族地区精准扶贫现状的调查研究发现，各种扶贫模式之间仍缺乏协同联动，许多扶贫项目和措施仅局限于地域、部门和行业内部，“头痛医头、脚痛医脚”导致深层次贫困问题难以根治，脱贫质量不高。本书全面剖析民族地区精准扶贫问题及困境的成因，结合民族地区经济与社会发展实情，聚焦深度贫困地区脱贫攻坚，聚焦特殊贫困人口精准帮扶，聚焦贫困群众脱贫最急需解决的突出问题，对产业扶贫、旅游扶贫、电商扶贫、易地扶贫搬迁、教育扶贫、健康扶贫、社会扶贫、基础设施扶贫等进行实证研究，以推动从整体上和根本上解决贫困问题。

本书是作者在前人研究的基础上以整体性治理为视角系统论述民族地区精准扶贫理论与实践问题的专著，一方面试图跳出量化分析的窠臼，注重从学理上探究如何建立稳定脱贫的长效机制；另一方面通过对调查数据的分析和思考，着力回答精准扶贫领域的现实问题，为案例与经验研究提供证据。当然，任何一种理论构想都需要在实践中不断检验与完善，希望书中所提出的思路、观点和建议，能够对民族地区精准扶贫的深入研究起到抛砖引玉的作用。

作　者

2017 年 11 月

目　录

第一章　导论……1
第一节　研究民族地区精准扶贫的意义……1
第二节　民族地区精准扶贫研究综述……3
第三节　民族地区精准扶贫难点问题的研究框架……5
第四节　民族地区精准扶贫的理论阐释与机制构建……8
第二章　民族地区产业扶贫：调查与探讨……14
第一节　民族地区产业扶贫的制约瓶颈……14
第二节　民族地区产业扶贫的实证分析——基于云南省大理白族自治州环洱海4县的调查……15
第三节　民族地区产业扶贫的对策探讨……21
第三章　民族地区旅游扶贫：模式与路径……24
第一节　民族地区旅游扶贫的含义、作用及优劣态势……24
第二节　民族地区旅游扶贫的模式分析……29
第三节　民族地区旅游扶贫的“花垣模式”……33
第四节　民族地区旅游扶贫的优化路径……41
第四章　民族地区电商扶贫：方法与策略……45
第一节　民族地区电商扶贫的概念、特点及意义……45
第二节　民族地区电商扶贫的实现方式……49
第三节　民族地区电商扶贫的实践探索——来自“黔货出山”的黔东南样本……53
第四节　民族地区电商扶贫的难题及对策……57
第五章　民族地区易地扶贫搬迁：逻辑与进路……62
第一节　民族地区易地扶贫搬迁的内涵和意义……62
第二节　民族地区易地扶贫搬迁的现实困境……64
第三节　民族地区易地扶贫搬迁的模式化检视——广西都安大石山搬迁记……68
第四节　民族地区易地扶贫搬迁的完善进路……73
第六章　民族地区教育扶贫：审思与建议……77
第一节　民族地区教育扶贫的迫切性与重要性……77

第二节　民族地区基础教育扶贫的状况与思考——以青海省民和县为例……78
第三节　民族地区职业教育扶贫的状况与思考——以贵州省铜仁市为例……82
第七章　民族地区健康扶贫：愿景与思路……89
第一节　民族地区健康扶贫的概念、目标及意义……89
第二节　民族地区健康扶贫的“南北经验”……90
第三节　民族地区健康扶贫的难点及思路……99
第八章　民族地区社会扶贫：维度与面向……103
第一节　民族地区社会扶贫的含义、范畴及作用……103
第二节　社会组织参与民族地区精准扶贫——以青海回族撒拉族救助会为例……107
第三节　企业参与民族地区精准扶贫——以宁夏壹加壹农牧股份有限公司为例……112
第四节　东部对口支援西部民族地区精准扶贫——以青岛市对口支援日喀则市为例……114
第五节　民族地区社会扶贫的多维困境与路向选择……117
第九章　民族地区基础设施扶贫：供给与保障……121
第一节　民族地区基础设施扶贫的总体进展和薄弱环节……121
第二节　民族地区交通扶贫现状及发展策略——以重庆市彭水县为例……123
第三节　民族地区水利扶贫现状及发展策略——以贵州省黄平县为例……129
第四节　民族地区电力扶贫现状及发展策略——以湖北省鹤峰县为例……134
参考文献……138
后记……145

第一章 导 论

第一节 研究民族地区精准扶贫的意义

一、民族地区是决胜新时代脱贫攻坚收官战的主战场

中共十九大报告作出中国特色社会主义进入新时代的科学论断，并明确指出新时代下民生领域还有不少短板，脱贫攻坚任务艰巨，城乡区域发展和收入分配差距依然较大，群众在就业、教育、医疗、居住、养老等方面面临不少难题（习近平，2017a）。从现在到2020年，中国进入全面建成小康社会的决胜期，坚决打赢脱贫攻坚战，确保我国现行标准下农村贫困人口全部实现脱贫，是我们党作出的庄严承诺。未来三年是决胜新时代脱贫攻坚战的收官期，也是精准扶贫工作啃硬骨头的攻坚期。行百里者半九十，当前急需深入研究精准扶贫难点问题，科学谋划攻坚克难方略，为夺取脱贫攻坚战的决定性胜利而奋斗。

中共十八大以来，党中央高度重视脱贫攻坚工作，把贫困人口脱贫作为全面建成小康社会的底线任务和标志性指标，在全国范围打响了脱贫攻坚战，其力度之大、规模之广、影响之深，前所未有。近年来，我国每年农村贫困人口减少都超过1000万人，累计脱贫5500万人；贫困发生率从2012年底的10.2%下降到2016年底的4.5%，下降5.7个百分点；贫困地区农村居民收入增幅高于全国平均水平，贫困群众生活水平明显提高，贫困地区面貌明显改善。同时应看到，脱贫攻坚后半程任务仍然十分艰巨。从总量上看，2016年底，全国农村贫困人口还有4300多万人。要想如期实现脱贫攻坚目标，平均每年需要减少贫困人口近1100万人，越往后脱贫成本越高、难度越大。从结构上看，现有贫困大多是自然条件差、经济基础弱、贫困程度深的地区和群众，是越来越难啃的硬骨头。从群体分布上看，现有贫困主要是残疾人、孤寡老人、长期患病者等“无业可扶、无力脱贫”的贫困人口以及部分教育文化水平低、缺乏技能的贫困群众。在脱贫目标上，实现不愁吃、不愁穿“两不愁”相对容易，实现保障义务教育、基本医疗、住房安全“三保障”难度较大（习近平，2017b）。

作为世界上最大的发展中国家，我国仍处于并将长期处于社会主义初级阶段，城乡及区域之间发展不平衡的问题仍然突出，民族地区与非民族地区经济发展总

体上存在着明显的差距。《中国农村扶贫开发纲要（2011—2020年）》中，依据“集中连片、突出重点、全国统筹、区划完整”的原则，划定了囊括680个贫困县的14个集中连片特困地区。其中，在八个少数民族人口众多的省（自治区）中，贫困县的数量分布为云南85个、贵州65个、内蒙古8个、广西29个、新疆24个、西藏74个、青海40个、宁夏7个。民族八省（自治区）贫困县数量约占集中连片特困地区贫困县总数的49%。2010年底，民族八省（自治区）农村贫困人口有1034万人，贫困发生率为8.7%，比全国农村贫困人口发生率高出3倍多。到2013年底，民族八省（自治区）贫困人口达到2562万人，高于全国农村贫困人口发生率8.6个百分点，占全国农村贫困人口总量的31.1%。需要特别指出的是，这些贫困人口中有不少属于脱贫后又返贫的情况，尽管其深层次原因各有不同，但从根本上说，是返贫人口自身因素和其所处的外部环境因素所导致的：从返贫人口自身因素来看，主要是总体素质偏低；从其外部环境因素来看，主要是自然环境、经济环境、制度环境及社会环境欠佳。因此，脱贫攻坚收官战面临的主战场就是这些经济底子薄弱、自然环境条件脆弱、脱贫难度最大的民族地区（宋才发，2017）。

二、解决民族地区整体贫困必须坚持精准扶贫

全面小康的核心是全面，这个“全面”体现在覆盖的人群上应该是全面的，体现在涉及的领域上也应该是全面的，一个地区不能少，一个少数民族也不能少，绝不能让一个少数民族、一个地区掉队，特别是老区、边远地区、民族地区，这是全面小康的重点，也是难点。当前，脱贫攻坚最艰巨、最繁重的任务在农村贫困地区，其中少数民族贫困地区因其自然环境、历史条件等制约，是经过多年的扶贫工作后，剩下的“硬骨头”“大难题”“深水区”，是脱贫攻坚的坚中之坚。加快少数民族贫困地区、贫困人口脱贫致富奔小康，不仅是实现共同富裕的内在要求，也是决胜全面建成小康社会、开启全面建设社会主义现代化国家新征程的重大战略安排。各级党委和政府务必深刻认识少数民族贫困地区如期完成脱贫攻坚任务的艰巨性、重要性、紧迫性，以解决突出制约问题为重点，强化支撑体系，加大政策倾斜，聚焦精准发力，攻克坚中之坚，确保少数民族和民族地区同步全面建成小康社会。

攻克深度贫困堡垒是打赢脱贫攻坚战必须完成的任务。现在来看，西藏、四省藏区、新疆南疆四地州和四川凉山彝族自治州、云南怒江傈僳族自治州、甘肃临夏回族自治州等连片的深度贫困地区是脱贫攻坚的重点。而这些深度贫困地区多为少数民族集中居住的地区，生存条件恶劣，致贫原因复杂，基础设施和公共服务缺口大，贫困发生率高，脱贫形势较为严峻。推进深度贫困地区

脱贫攻坚，需要找准导致深度贫困的主要原因，采取有针对性的脱贫攻坚举措，坚持精准扶贫精准脱贫基本方略。解决民族地区整体贫困必须围绕精准扶贫发力。民族地区区域经济社会发展是精准扶贫的基础，也是精准扶贫的重要组成部分。少数民族贫困地区要着力解决健全公共服务、建设基础设施、发展产业等问题，但应当明确的是，这样做的目的是给贫困人口脱贫创造有利的发展环境，真正为实施精准扶贫奠定良好基础。民族地区如何改善经济发展方式，发展贫困人口能够受益的产业，如特色农业、劳动密集型的加工业和服务业等；如何推动交通建设项目尽量做到向进村入户倾斜；如何使水利工程项目向贫困村和小型农业生产倾斜；如何提高贫困人口在生态保护项目中的参与度和受益水平；如何让新型农村合作医疗和大病保险制度对贫困人口实行政策倾斜，等等，这一系列问题还有待进一步思考和回答。本书致力于丰富和深化对精准扶贫的理论认知，从解决区域性整体贫困的角度为民族地区探索精准扶贫实践模式提供对策建议和决策参考。

以精准扶贫理论为指引，我国逐步形成了一整套科学高效的贫困治理体系，其核心内容包括：坚持中央统筹、省负总责、市县抓落实的工作机制，强化党政一把手负总责的责任制；坚持政府投入的主体和主导作用；坚持专项扶贫、行业扶贫、社会扶贫等多方力量有机结合的大扶贫格局；坚持扶贫与扶志、扶智相结合，不断激发贫困村贫困群众的内生动力。这一整套经过实践检验的贫困治理体系，不仅为打赢新时代脱贫攻坚战提供了坚实保障，也将为全球更有效地进行减贫治理贡献中国智慧。可以说，民族地区的脱贫攻坚是中国特色反贫困实践不可或缺的内容（黄承伟，2017）。相较于全国其他地区，民族地区更需要精准扶贫。民族地区的发展基础一般较弱，扶贫开发任务艰巨，而且民族之间、城乡之间、社会各阶层之间的经济状况分布更加错综复杂。民族地区扶贫开发是在民族区域自治这一制度背景之下进行的，必然会涉及如何处理上级机关和自治机关、民族干部和汉族干部以及各民族人民群众之间的关系等问题，这既需要统筹各方面积极性，最大限度凝聚精准扶贫的合力，也需要一切从民族地区实际出发，因地制宜、因贫施策（马国春，2016）。通过对体制机制性问题的研究，准确把握当前民族地区精准扶贫的重点和难点，前瞻性地提出整体性的改革思路，这不仅能够以问题为导向，有针对性地改善扶贫脱贫实际工作，而且有助于探索中国特色贫困治理的内在逻辑，为贫困治理体系和治理能力现代化提供经验借鉴与政策创新。

第二节　民族地区精准扶贫研究综述

精准扶贫是一个具有中国特色的学术话语，国外没有与之相对应的概念，对民族地区精准扶贫的研究更因其对象、范围和任务的特殊性，西方学者鲜有述及，因此本书主要对国内相关文献进行梳理。根据中国知网（China national knowledge infrastructure，CNKI）源数据库《中国学术期刊网络出版总库》的数据资料，以“民族地区精准扶贫”为关键词进行全文检索，结果显示，2014～2017 年学者发表论文共计 456 篇，且论文数量呈逐年增加趋势。这说明随着近年来脱贫攻坚的深入推进，民族地区精准扶贫研究处于不断增长的态势，研究领域逐步扩大，研究成果日益丰富。

一、民族地区精准扶贫现状及问题研究

回顾我国扶贫开发的政策历程，从集中连片特困地区扶贫、兴边富民行动、人口较少民族发展、特色村寨建设等方面看，少数民族脱贫攻坚取得了显著成效（严天亮和马宏，2016）。民族地区经过多年的反贫困斗争，虽取得了一定成绩，但是总体形势依然严峻，民族自治地方、民族八省（自治区）和少数民族重点县的贫困发生率明显高于全国平均水平（顾海娥，2017）。针对精准扶贫脱贫中面临的困境，学者从不同角度探讨了破解之策。例如，李俊杰等（2017）基于扶贫开发与资源利用及生态保护的关系，以煤炭开采和碳排放为切入点，提出了民族地区治理“碳贫困”问题的政策建议；杜熙（2017）、郑瑞强（2016）指出，一些基层扶贫人员没有充分认识到扶贫对象在扶贫工程中的主体作用，存在扶贫项目的提供与目标需求偏离的问题，为此要调查了解贫困户的主观意愿及偏好，提供与之相匹配的资金、人才、设施等条件，不断提高扶贫供给效率；莫光辉（2017a）、刘占芳和肖春梅（2016）认为，民族地区发展能力与现代化目标之间存在一定矛盾，各种复杂因素导致其与发达地区的差距越来越大，有必要重视贫困群众能力及素质的提升，通过精准扶贫打破低收入—低投入—低能力—低收入的恶性循环。

二、民族地区精准扶贫机制研究

民族地区的贫困状况、程度以及致贫原因存在较大差异，要首先对其进行多维度评估，将贫困人口纳入建档立卡范围，因户因人制订帮扶计划，建立精准识别、动态调整、政策对接和监督问责机制（刘涛，2016）。在扶贫资金投入方面，王敏和方铸（2016）通过对贵州财政与金融扶贫模式的研究，建议加大对民族地区基层政府扶贫资金投入的管理与监督，发挥金融杠杆作用，提高资金使用效率，建立政府主导、多方参与的投融资机制。陈小丽（2015）运用多层次分析法，构建了系统化、多维度的扶贫绩效评价指标体系，并对湖北民族地区扶贫绩效进行定量分析，指出部分民族县市扶贫绩效还有进一步提高的空

间。此外，罗明军（2015）基于社会公平正义的视角，以2006～2010年云南省扶持人口较少民族发展动态监测系统数据为依据，对云南特有七个人口较少民族的扶贫绩效进行了客观评价，为深度贫困地区的脱贫攻坚提供了参考。杨浩等（2016）则将研究的重点放在贫困退出机制上，以高原藏区和凉山彝区贫困县为例，对民族地区精准脱贫进行评价，认为在科学合理的脱贫评估基础上，应考虑主体、方式及目标等因素，构建规范、透明、有序的贫困退出机制，让已达到脱贫标准的少数民族贫困县及时“摘帽”。

三、民族地区精准扶贫具体项目研究

围绕“两不愁，三保障”，学者对民族地区扶贫项目进行了专题研究，其中关注较多的是教育、健康和基础设施。戴小明（2016）以武陵山片区基础教育扶贫为实例，提出要按照共享发展的理念，加大财政投入力度，强化师资队伍建设，建立乡村教师质量保障机制，同时倡导教育精准帮扶，标本兼治，引导社会共治。王黔京等（2017）通过多阶段PPS（probability proportionate to size）抽样，在云南省集中连片特困地区和中心区域州市的贫困户中开展健康扶贫的问卷调查，发现存在家庭规模小型化、家庭医疗卫生支出比例高、老年人口患病和共病现象严重、劳动力患病风险大、健康教育缺乏等问题，认为应实施基本医疗、大病保险、商业健康保险、临时救济、慈善救助、医疗救助六位一体的健康扶贫工程。李忠斌（2017）阐述了基础设施与精准脱贫的关系，认为少数民族特色村寨建设已经成为新的经济增长点。在基础设施扶贫过程中，贫困群众可以为建设单位提供农产品及各种后勤保障服务，从中获得稳定收入，实现脱贫目标。刘小珉（2016）认为，扶贫工程和项目的设计与实施，要融入目标群体、社会性别、参与意愿等要素，特别关注那些最需要国家扶贫工程实质帮助的贫困人口。

学界现有成果为本书奠定了基础，开阔了视野，但也存在一些不足。大多数研究仅停留在对扶贫脱贫状况的描述，理论与实践方面的难点问题研究较为薄弱。部分研究虽然涉及具体扶贫项目，但忽视了各项扶贫政策之间的内在关联，尚未形成完整的理论政策体系。本书将从整体性治理视角出发，结合民族地区贫困特性，重点探讨民族地区精准扶贫难点问题的系统解决之策。

第三节 民族地区精准扶贫难点问题的研究框架

一、研究目标与技术线路

本书的目标是剖析民族地区特殊的历史、自然地理、经济及社会文化因素对

扶贫攻坚的影响，探明制约民族地区脱贫的关键瓶颈和突出困难，阐释以治理为中心的反贫困理论，构建趋于整体性治理的反贫困机制，在此基础上分别从民族地区多维扶贫实践中总结和凝练出民族地区精准扶贫难点问题，并以问题为导向，将其纳入系统性、整体性、协同性的思维框架中探寻解决之策。

本书的思路及技术线路如图 1-1 所示。

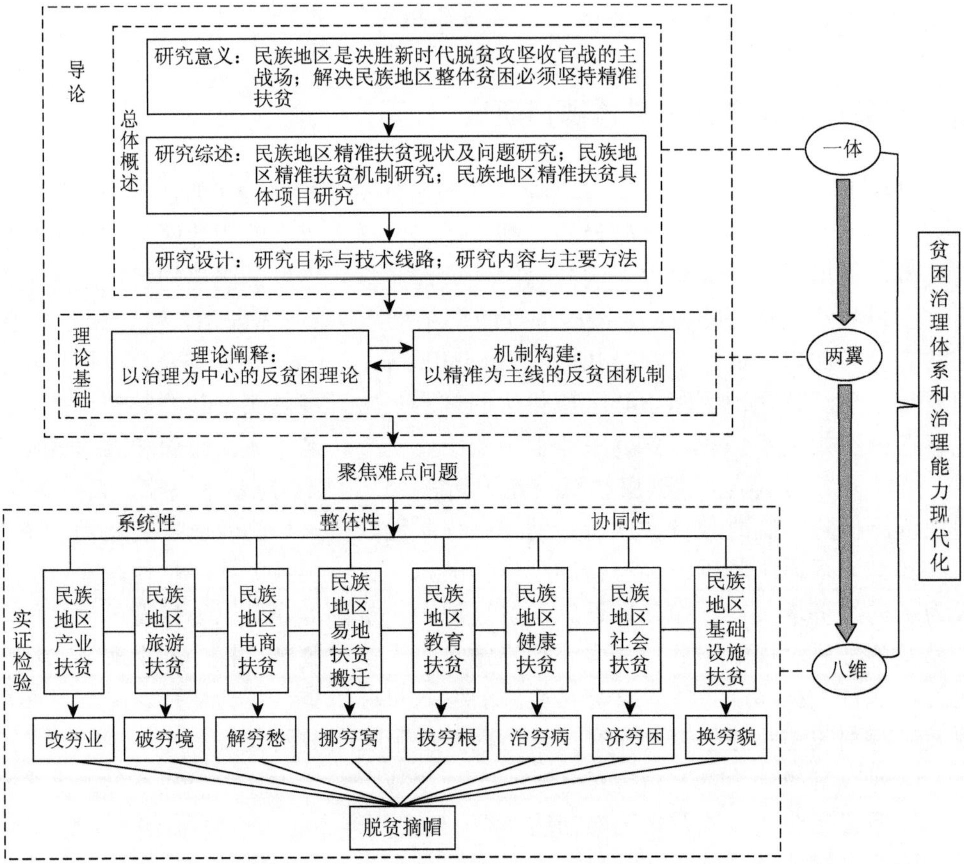

图 1-1　本书的思路及技术线路

二、研究内容与主要方法

（一）研究内容

本书研究内容可以概括为“一体、两翼、八维”。

（1）“一体”：本书以贫困治理体系和治理能力现代化为背景，以马克思主义反贫困理论为指导，以中共十九大和习近平总书记在深度贫困地区脱贫攻坚座谈会上的重要讲话精神为指引，在本章的第一～第三节对民族地区精准扶贫难点问题的研究意义、研究综述及研究设计作了一个总体概述。

（2）“两翼”：本章的第四节从两个层面专题论述民族地区精准扶贫难点问题研究的理论基础。一是从国家治理的宏观层面研究精准扶贫的理论内涵，分析治理转型中的反贫困类型及其衍化，阐释以治理为中心的反贫困理论；二是从精准扶贫的微观层面探究整体性治理理论与民族地区贫困治理的契合，希望构建趋于整体性治理的反贫困机制，并贯穿于研究的全过程。

（3）“八维”：本书的重点领域将按照逻辑顺序涉及第二～第九章的八个扶贫实践维度，即民族地区产业扶贫、旅游扶贫、电商扶贫、易地扶贫搬迁、教育扶贫、健康扶贫、社会扶贫和基础设施扶贫。该部分围绕精准扶贫精准脱贫方略，理论联系实际地研究阐述民族地区应如何改穷业、破穷境、解穷愁、挪穷窝、拔穷根、治穷病、济穷困、换穷貌，以解决实现脱贫摘帽的若干难点问题。

（二）主要方法

本书采取理论考察与实践探索相结合、宏观分析与微观分析相统一的方法开展研究。在具体的研究过程中，主要采取以下几种方法。

1. 文献分析法

全面掌握最前沿的文献资料，是本书的前提和基础。在具体的研究中，本书主要对近年来我国学界研究少数民族和民族地区精准扶贫相关问题的专业论文、报刊书籍、研究报告进行综合分析，同时对民族自治地方的官方网站，尤其是对统计局的统计资料进行加工分析，深入挖掘文献资料中有价值的素材，为本书提供论据。

2. 实地调查法

在中国，民族地区是一个法律政策概念，指少数民族聚居并建立了民族自治地方的地区，包括自治区、自治州、自治县或自治旗三种特殊的地方行政区域。根据本书课题研究需要，课题组成员赴湖南、贵州、湖北、云南、广西、重庆、青海、宁夏、内蒙古、西藏、吉林 11 个省（自治区、直辖市）的民族自治地方相关部门进行了实地考察，及时掌握第一手资料，并通过座谈和访谈，找寻问题，梳理总结可借鉴、能推广的扶贫经验与模式。

3. 政策研究法

本书研究是一个理论性、实践性和操作性较强的课题。作者将对当前民族地区精准扶贫各种政策进行系统分析，缕析出它们对少数民族贫困地区脱贫攻坚的建设性意义和影响作用，探讨政策实施过程中存在的问题和现实困境，从最大限度释放政策措施综合效应的角度提出民族地区精准扶贫政策创新的路径。

4. 案例剖析法

中共十八大以来，在全面推进脱贫攻坚的同时，中央加大了对少数民族深度贫困地区的支持，各地也进行了积极探索，积累了很好的实践成果和经验。本书选取其中的典型案例作为对象，通过文本叙述法、比较分析法等方法揭示民族地区精准扶贫实践模式的内涵、特质及其运行机理。

第四节　民族地区精准扶贫的理论阐释与机制构建

一、以治理为中心的反贫困理论

2013 年 11 月 3 日，习近平总书记在湖南省湘西土家族苗族自治州（简称湘西州）考察时首次提出了“精准扶贫”的概念，并对扶贫工作作出重要指示：扶贫要实事求是，因地制宜，要精准扶贫，切忌喊口号，也不要定好高骛远的目标（新华网，2013）。同年 12 月，中共中央办公厅、中华人民共和国国务院办公厅印发《关于创新机制扎实推进农村扶贫开发工作的意见》，将建立精准扶贫工作机制作为六项扶贫机制创新之一。随后，国务院扶贫开发领导小组办公室（简称国务院扶贫办）相继下发《关于印发〈扶贫开发建档立卡工作方案〉的通知》《关于印发〈建立精准扶贫工作机制实施方案〉的通知》等文件，从顶层设计、总体布局到工作机制作出了详尽部署，以精准扶贫为标志的新时期扶贫开发在全国逐步开展和实施起来。

精准扶贫是指根据不同贫困地区、不同贫困社区、不同贫困农户状况，立足对致贫原因的分析与研判，通过科学有效的程序及体制机制，实施精准识别、精准帮扶、精准管理、精准考核的贫困治理方式。精准扶贫是对传统漫灌式反贫困模式所引发的扶贫开发过程粗放和宽泛、效率低下、资金监管缺失等问题的回应，从根本内涵上是对我国扶贫理念的创新与升华。精准扶贫要求在精确掌握贫困人口规模、分布、贫困成因以及潜在优势的前提下，整合各方资源，综合运用多重政策手段，以因人因地施策、因贫困原因施策、因贫困类型施策的差异化政策扶持方式，将自上而下的扶贫资源与贫困村、贫困人口的实际需求对接，进而实现滴灌式的扶贫作业。在对我国贫困问题科学认识基础上形成的精准扶贫理论，是我国贫困治理体系不断创新完善、贫困治理能力逐步提高的经验表达，在我国政府主导的贫困治理道路上具有里程碑式的意义。

“治理”（governance）一词从未有过确切的定义，这个概念比“统治”（government）的含义更为丰富。英文中的“治理”可以追溯到古拉丁文和古希腊语的“掌舵”，原指控制、引导或操纵。20 世纪 80 年代初，治理的概念开始受到西方学界的关注。联合国全球治理委员会把“治理”界定为各种公共的或私人的个人和机构管理其共同事务的诸多方式的总和，是相互冲突的或不同的利益得以调和且采取联合行动的连续体。当代公共管理变革的一个重要理念与价值取向，是以倡导治理来消除管理主客体的等级之分的。在治理的语境下，政府依然是公共管理功能和责任的承担者，但由于政府、企业、社会组织等不同行为主体之间是一种有机合作的关系，其他主体也能以管理者的身份共同参与治理公共事务。国家治理是指在党的领导下，以政府为核心的多元治理主体为实现国家安全稳定发展和人民的幸福，综合运用权力力量、市场力量、社会力量，依法对国家和社会公共事务进行有效治理的活动及其过程。国家治理现代化，就是以国家治理体系和治理能力现代化为导向的国家治理科学化、民主化、法治化、程序化和协同化。

从国家治理体系和治理能力现代化的宏大视野观察，精准扶贫蕴含了治理的中心思想。伴随治理转型与发展，我国的反贫困类型经历了从融合型到分立型，再到共治型的衍化过程。1949 年中华人民共和国成立至 1978 年改革开放之初，经过近 30 年计划经济建设，我国贫困问题得到了较大缓解。该阶段的反贫困类型属于融合型，即“大政府、小社会”的格局，导致社会治理系统被政府治理系统吸纳与涵盖，其表现为各级政府部门出钱出物对贫困人口采取直接救助式扶贫。1979～2012 年，在体制改革的驱动下，市场和社会逐步发育成与政府治理系统相分立的系统，各类主体开始参与扶贫开发并发挥积极作用，因此该阶段的反贫困类型属于分立型。其中，自 1986 年以来，特别是《国家八七扶贫攻坚计划》实施期间，我国扶贫工作实现了制度创新，改变救助式扶贫方式，将扶贫与开发相结合；改变分散平均地使用国家扶贫财物的做法，有重点地确立了十几个连片特困地区开展区域攻坚式扶贫；改变财政拨款、资金无偿使用的方式，转为有偿使用与无偿使用相结合的方式。2013 年精准扶贫战略的提出和实施，标志着我国进入了共治型反贫困阶段，国家治理与贫困治理呈现出协同联动、互相促进的良好局面：一方面，坚持完善和发展中国特色社会主义制度，统筹推进“五位一体”总体布局、协调推进“四个全面”战略布局，推动了经济发展和社会进步，加强了就业、教育、医疗、文化、住房在内的公共服务体系建设，编织了兜住人民基本生活的安全网，增进了社会团结，提升了国家应对各种挑战的能力，为从源头上治理贫困、从根本上遏制贫困和从整体上解决贫困奠定了重要基础，从而减轻了贫困治理的系统性压力，加快了脱贫攻坚进程；另一方面，贫困治理的过程也是一个社会再动员、再组织和再塑造的过程，在此过程中，贫困群众获得实惠，基层党员更加活跃，基层党组织更加强化，基层社区的能力得以加强，社会成员的协作得以推进，干部素质进一步提高，各种治理的体制机制得以完善，从而进一步巩固了党执政的社会基础，强化了党的执政能力建设，直接促进了国家治理体系的完善和治理能力的提升。

善治是使公共利益最大化的社会管理过程，其本质特征在于它是政府与公民对公共生活的合作管理。从这个意义上说，民族地区精准扶贫也是追寻治理与善治的方式：①合法性（legitimacy），民族地区的贫困群众对于脱贫后返贫的忧虑主要来自因病返贫以及红白喜事花费返贫等，政府应尽可能增加他们对脱贫目标的共识和政治认同感；②法治（rule of law），各级政府均发布了精准识别贫困户的制度性文件及操作流程，但由于民族地区特殊的人文社会环境，在实践中这种制度化规范很难完全遵守，这就要求将法治思维和法治方式融于“扶谁的贫、谁来扶贫、怎样扶贫”的全过程；③透明性（transparency），民族地区要依法推动扶贫职能、法律依据、实施主体、职责权限、管理流程、监督方式等的公开，强化资金分配与使用、建设项目批准及实施、扶贫对象进出等领域的信息公开，给予贫困群众充分的知情权和监督权；④责任性（accountability），民族地区的脱贫攻坚要强化落地，吹糠见米，做到人员到位、责任到位、工作到位、效果到位，实施严格的考核评估，加强督查问责，对不严不实、弄虚作假的严肃问责；⑤回应（responsiveness），民族地区致贫原因各不相同，扶贫干部只有进村入户，访贫问苦，才能详细了解贫困成因，及时回应群众需求，因村因户施策，有针对性地制定帮扶措施；⑥有效（effectiveness），高度系统化的政府扶贫与市场和社会力量缺位的矛盾，是制约民族地区扶贫资源有效配置及项目高效运作的核心因素，有必要在协同治理框架下，深化政社、政企合作，以弥补基层公共人力资源不足之弊，并提高精准扶贫的成效；⑦参与（participation），民族地区贫困人口受教育水平较低及对国家政策理解的局限性、迟滞性，凸显了政府主导扶贫下“要我脱贫”的意味，部分贫困户对政府帮扶寄予高度期望和依赖，对自我能力发展的关切和公共事务的参与不足，贫困治理的主体不仅是政府，贫困群众既是治理对象，也是治理主体，理应发挥其主体性、能动性与创造性；⑧稳定（stability），民族地区脱贫任务重，贫困人口基数大，影响到当地民族的团结和社会稳定，需处理好民族团结与精准扶贫相互促进、相互推进的关系问题；⑨廉洁（cleanness），要加强对扶贫政策、项目、资金等落实情况的监督检查，严肃查处扶贫领域各类违规违纪问题，为民族地区脱贫攻坚保驾护航；⑩公正（justice），打赢民族地区脱贫攻坚战的成败之举在于“扶真贫”，要求扶贫干部秉持公心，把真正困难的人口纳入贫困范围内，把各种扶贫措施用在真正需要帮扶的贫困群众身上。

二、以精准为主线的反贫困机制

民族地区全面实施精准扶贫战略，按照扶持对象精准、项目安排精准、资金使用精准、措施到户精准、因村派人（第一书记）精准、脱贫成效精准的“六个精准”要求，建立了精准识别、精准帮扶、精准管理和精准考核机制，引导各类扶贫资源优化配置，实现扶贫到村到户，取得了积极成效。与此同时，受历史、自然、社会和文化等多重因素的影响，精准扶贫在实践中仍存在碎片化、分散化的治理难题。我国少数民族贫困地区多为跨行政区域地区，尤其是连片特困地区的各行政区域在地理上相连，且有着类似的资源禀赋和发展困境。然而，因为纵向垂直管理及横向部门分割的“条块”体制的束缚，片区之间、片区内各地各部门之间难以有效地协同配合，如武陵山片区、乌蒙山片区存在不同程度的信息沟通不畅、项目对接困难等问题。由于信息网络设施滞后，电子政务能力薄弱，扶贫资源和扶贫技术的整合效应未能得到显现，部门之间存在单枪匹马、各自为政的现象。大数据和移动互联网终端技术在民族地区贫困人口精准识别、建档立卡信息共享、扶贫服务提供等方面的运用不够，导致政府公共政策、市场动态信息以及社会保障和救助资源很难整合。民族地区扶贫对象的受教育程度低，公共参与性欠缺，基层扶贫队伍组织弱化，扶贫的主体性和扶贫者的协同性没有得以充分发挥。政府、市场和社会作为多元扶贫主体的互补作用不强，筹资难、人不足、成本高以及带富能力弱的问题突出。打破传统以地域、部门和行业为界限的扶贫格局，应从公共治理的视角出发，着力构建趋于整体性治理的反贫困机制。

整体性治理理论是对传统公共行政的衰落及新公共管理改革带来的碎片化的战略性回应，它主张政府内部机构及跨部门的整体性运作，其代表学者希克斯对政府系统内部机构之间的功能性整合问题非常关注，他在理论上将治理的横向部门结构与纵向层级结构有机地联结起来，构造出一个三维立体的整体性治理分析架构。这种超越了平面式治理的整体性治理模型具有三大整合维度：①纵向治理层级的整合，它主要泛指全球、洲际、国家间、地区间和地方府际间五个层级的整合，这些层级通过网络技术的运用和相应的数据保护协议来共同讨论日益增多的跨界议题，在同一个国家内部，纵向层级是指中央及地方各级政府之间的整合；②治理功能的整合，整体性治理的功能整合既可以发生在政府组织内部，也可以产生于彼此重合或具有相似功能的治理主体之间，因此它不能简单地界定为电子政府或电子政务，应当视其为有效传送公共服务的网络，或是一个将政府、市场和社会融入互联、协作、高效运转的系统化体制，这个体制的构建首先要识别出可能的合作伙伴，并将所有的利益相关者拉到系统分析的“桌面”，结合政府内部的服务运转状况，利用先进的现代信息技术建立网上沟通与协调渠道，设计出维护网络化的战略方案，以激活整个治理系统；③横向公私部门的整合，公共产品与服务可以在公共部门、志愿者组织或私营部门等多元主体之间进行整合，以推动公私合作、互助和共治。整体性治理理论因其在治理碎片化问题方面的独特优势，逐渐由跨部门协调与协作的政府组织形态（整体政府）这种描述性概念，演变为通过横向和纵向协调的理念及技术来实现公共治理预期目标的统摄性范式。蕴含在整体性治理中的思想与理论，为破解当前民族地区精准扶贫实践中的碎片化、分散化难题，提供了独特的分析视角与解决思路。

如图 1-2 所示，本书借鉴整体性治理理论的原理，结合我国民族地区精准扶贫的具体实际，从跨层级、跨功能和跨部门三个维度构建趋于整体性治理的精准扶贫模型。首先，马克思的社会时空观认为，人作为“自然存在物”，是现实的、有形的实体，且总是“站在牢固稳定的地球上”。人既处于特定地理区位之中，又是社会实践活动的存在物。人的实践不仅是自然与人联系的纽带，也是使自然的空间形态转化为人的空间形态的源泉。正基于此，民族地区精准扶贫的本质在于帮助扶贫对象拓展其社会时空。因此，要将区域性的扶贫开发与到户到人的精准脱贫相结合，构建基于中央-省区-市县的跨层级协同扶贫机制。例如，易地扶贫搬迁工作的重点，应从注重自然空间的改变向注重社会空间的重塑转变，综合考虑区域、族群、贫困个体的空间、时间和主体差异性，以发挥从中央到地方各级政府扶贫搬迁政策的协同效应。其次，构建基于数字治理的跨功能扶贫资源共享机制。要加快民族地区的网络覆盖，支持民族语言、语音、视频等软件及移动终

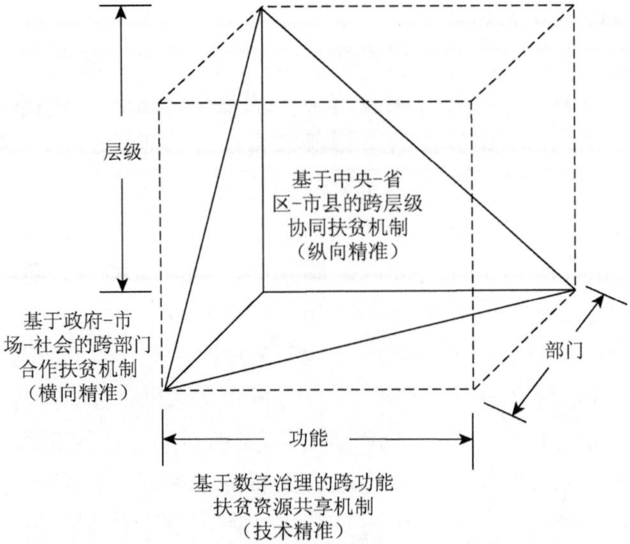

图 1-2　精准扶贫的整体性治理模型

端程序的开发，通过发展电子商务，带动民族特色产业发展。建立包括数据中心、服务平台、网络节点、行动带头人、用户终端、数字化个人档案等分层次的网络扶贫信息服务体系，支持网民帮扶贫困户，支持互联网企业与贫困县、村结对扶贫，支持社会组织开展公益活动，搭建阳光扶贫网络平台。最后，构建基于政府-市场-社会的跨部门合作扶贫机制。在贫困治理体系建设中，多元主体的有序参与、协作互动及相互监督等活动的开展都有赖于伙伴关系，其作为一种“软法”起着多元整合的功效。为此，要推动民族地区精准扶贫与乡村振兴战略联动耦合，培育现代农业经营主体，建立合作共治下的新型政企、政社关系，发挥政府主导和市场机制的作用，积极引导社会力量广泛参与脱贫攻坚。

第二章　民族地区产业扶贫：调查与探讨

传统小农生产与现代化产业发展脱节，第一、第二、第三产业结构不合理，缺乏支柱产业的带动，是制约少数民族贫困地区脱贫的最主要原因。当前，民族地区精准扶贫的首要任务是在创新、协调、绿色、开放、共享的新发展理念指引下，以供给侧改革为驱动，发挥生态、文化等资源优势，实施特色产业精准扶贫。这就要求在调结构、补短板、建机制、促转型方面下功夫，以项目为载体，探索多元化利益联结模式，走差异化产业发展之路，形成品牌与规模，让贫困户在特色产业发展中增收脱贫。

第一节　民族地区产业扶贫的制约瓶颈

民族地区产业扶贫是以国内外市场需求为导向，将五大发展理念贯穿于产业发展全过程，发挥民族特色产业的辐射带动作用，促进少数民族贫困地区发展、增加贫困农户收入的有效途径，是民族地区精准扶贫的战略重点和主要任务。产业是脱贫之基、致富之源。我国民族地区扶贫经验充分证明，产业扶贫是精准脱贫的必由之路。少数民族贫困地区缺少相关产业支撑，贫困程度深、范围广，脱贫难度大，且难以持续脱贫。民族地区产业扶贫必须坚持把建档立卡贫困人口固化在特色产业链上，激发其内生动力，引进和培育市场主体，构建利益联结机制，才能实现贫困群众长久稳定脱贫。

传统农牧业一直以来是我国民族地区赖以发展的主导产业，然而受自然环境等因素的制约，其发展空间有限。民族地区缺乏规模大、实力强的工业产业，即便有一些零散的工业布局，也多是高耗能、高污染的资源型产业，这类产业往往会对生态环境造成破坏，与新发展理念相悖。交通不便、信息闭塞、人才匮乏等多重因素限制了民族地区第三产业发展，同时电子、信息、生物、新材料、新能源等新兴产业尚未形成，产业结构不合理，导致区域经济增长缓慢，农民增收困难，贫困现象普遍。

基础设施对于产业发展起到重要的支撑作用，但民族地区交通、水利、能源、信息化设施建设的支撑体系未形成，基础设施滞后是产业扶贫开发的软肋。俗话说，要致富先修路。对少数民族贫困地区而言，阻碍产业发展的最大难题就是交通问题。财政资金紧缺，道路规划建设和养护明显不足，不仅影响当地群众日常交通出行，还制约特色产业发展。例如，云南至今流传着“云南十八怪，火车没有汽车快”的民谚，这说明交通设施落后给当地经济发展尤其是产业扶贫开发带来了困难。同时交通设施不完善也影响其他各项基础设施扶贫效益的发挥。

产业扶贫中的公平和效率，无论对政府还是对扶贫企业而言，都是两难选择：一方面，从开发式扶贫的效率导向来看，民族地区农村绝对贫困人口在扶贫开发中通常处于最不利的地位，因为参与产业扶贫的市场主体，如龙头企业等，始终是以营利为目的的，总希望获得最大化的利润，这些市场主体之所以愿意参与产业扶贫，在于其可以因此而得到用地、融资、税收、补贴等方面的众多优惠政策；另一方面，民族地区市场发育不健全，参与产业扶贫的龙头企业、合作社及能人大户少，辐射带动贫困群众脱贫的效果不明显，难以形成稳定的利益联结机制，有的地方虽然建立了一定的利益联结关系，但由于企业规模小，合作社组织结构松散，贫困户无法从中持续增收。

特色产业发展能否发挥精准扶贫的作用，关键在于扶贫产业的市场效益能否让贫困户直接、持续地受益，这就需要解决好“怎么扶”的问题。目前，民族地区产业扶贫存在一定的盲目性，扶贫项目单一，特色不够鲜明，产业扶持同质化程度高和市场化不足的问题突出。受自然地理、农业传统因素限制，大多数地区农业产品呈现同类或相似的现象。不仅高度同质化的农产品难以实现其预期的市场价值，而且高度分散的贫困户也难以抵御农产品销售的市场风险。由于对特色文化资源的重视不够，部分传统民族医药、手工艺、地方特产等濒临失传的危机，民族地区丰富的资源优势未能转化为脱贫致富的产业优势和经济优势。

第二节　民族地区产业扶贫的实证分析——基于云南省大理白族自治州环洱海4县的调查①

环洱海地区位于云南省西北部，是集少数民族聚居区、高原湖泊生态脆弱区和深度贫困区于一体的典型区域。本节的研究对象是环洱海地区的4个县，即洱源县、宾川县、祥云县、巍山彝族回族自治县（简称巍山县）。

洱源县位于洱海以北，为洱海之源，是国家级扶贫开发工作的重点县。该县辖6镇、3乡、88个村委会和2个社区居委会，总人口29.4万人。截至2013年，全县建档立卡贫困户为5759户23 150人。宾川县位于洱海东部，辖8镇、2乡、90个村（居）委会（含4个华侨社区），总人口26.3万人。截至2014年，全县建档立卡贫困户为10 049户35 510人。祥云县位于洱海东部偏南，辖8镇、2乡、139个村（居）委会，总人口为47.4万人。截至2016年，全县建档立卡贫困户为7424户26 156人。

① 本节内容整理自课题组赴云南省大理白族自治州扶贫开发办公室获得的调研资料。

巍山县位于洱海南部，是"十二五"滇西边境片区区域发展和扶贫攻坚重点县，辖4镇、6乡，总人口为31.5万人。截至2015年，全县建档立卡贫困户为5639户19 423人。该地区人口的民族成分呈现多样化特征，其中不乏人口较少民族，其经济基础薄弱，加上生态环境脆弱，不适宜发展高耗能的资源型产业。为此，环洱海4县在产业扶贫中注重发挥自身优势，发展特色产业，实现了产业转型升级与生态保护的双赢。经过多年的扶贫攻坚，在实践过程中探索出了一条少数民族特色产业扶贫的新路，形成了各具特色的产业扶贫模式。

（一）洱源县：龙头企业 + 合作社 + 贫困户

如图2-1所示，"龙头企业 + 合作社 + 贫困户"模式是指坚持政府推动和帮扶的原则，发挥龙头企业的牵引带动作用，通过组建合作社将分散的贫困户组织起来，使其参与特色产业的生产经营，并从中增收脱贫的产业扶贫方式。在这种模式的指导下，该县各乡镇积极组织发动，由村委会牵头，以建档立卡贫困户为对象成立合作社。贫困户向合作社提供土地、资金和劳动力，合作社则将其转化为股份使贫困户入股，让其享受产业发展红利。合作社还协调组织有富余劳动力的贫困户参加职业技能培训，鼓励入企务工增收。龙头企业负责为合作社提供技术和生产资料，促使合作社组织社员开展集中经营，形成规模效应，带动贫困户脱贫致富。在此过程中，贫困户可通过流转土地收取租金，获取贴息贷款入股分得股金，进企业务工挣到薪金，因此又增加了"三金"收入，使贫困户收入得到切实保障。2015年底，该县农业增加值较上年增加1.06亿元，同比增长5.9%。农民人均可支配收入较上年增加755元，同比增长10.2%。建档立卡贫困户较上年减少915户3744人，贫困发生率由6.9%下降到5.98%。

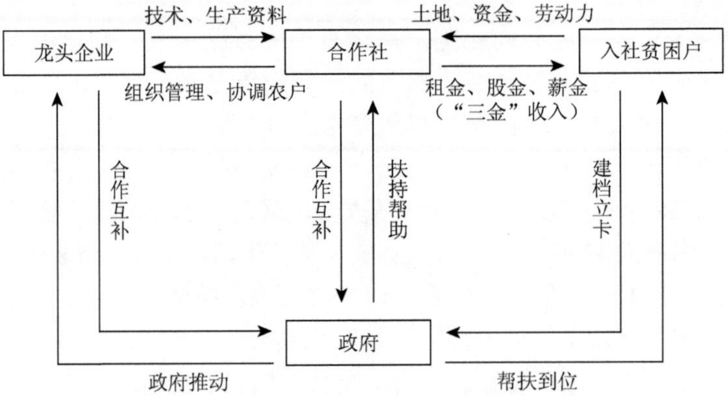

图2-1　"龙头企业 + 合作社 + 贫困户"模式

洱源县的成功经验有三点。一是企社对接，入股分红。该县龙头企业云南大理洱宝实业有限公司（简称洱宝公司）与乔后镇新坪村拓荒农业合作社展开合作，吸纳合作社信贷资金 500 万元，同时合作社通过入股洱宝公司参与分红，每户入股 5 万元，公司则按照 8%的利润给每户每年分红 4000 元，2016 年洱宝公司支付 100 户建档立卡贫困户 40 余万元。二是扩大劳务输出，以培训促就业。由合作社和政府合作组织技能培训，使参训人员至少掌握一门实用技术，全面提高贫困人口的就业技能，并由县就业局与各地效益好、信誉高的企业对接，集体组织贫困户外出务工，截至 2016 年，洱源县通过技能培训和劳动力转移培训，共输出劳动力 9696 人（建档立卡贫困人口 3805 人），增加务工收入 2.37 亿元。三是政府兜底，企业资助。政府对建档立卡贫困户中的五保户等缺乏生产能力的特困户提供 3000 元产业扶持资金，委托县内优质企业或能人大户代其经营，每月特困户可领取 120 元收入，确保其收益稳定，政府动员县内龙头企业助推脱贫攻坚，关爱特殊困难群体，鼓励捐资扶贫，截至 2016 年，该县企业捐助扶贫资金达 138 万元，1380 户特困户受益。

（二）宾川县：龙头企业 + 基地 + 贫困户

“龙头企业 + 基地 + 贫困户”模式是以产业发展基地为核心，依托基地帮助联系带动贫困户、合作社、龙头企业和银行等主体，发挥各主体优势，形成互惠共赢的关系，并使贫困户从中受益脱贫的产业扶贫方式（图 2-2）。具体来说，基地负责向银行抵押产权获得贷款，向贫困户提供生产资料并收购贫困户生产的农

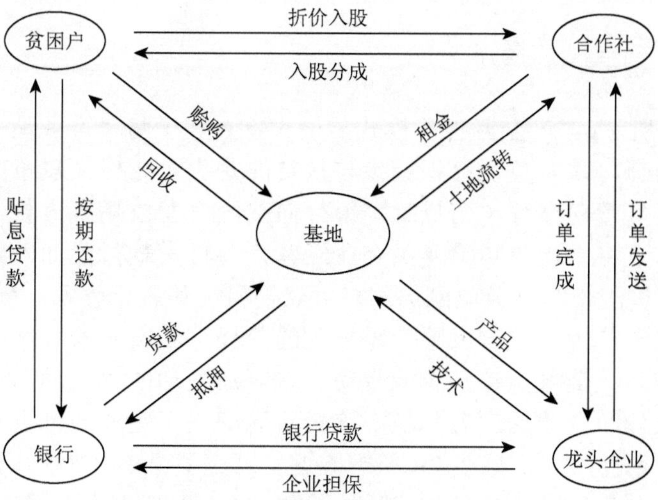

图 2-2　“龙头企业 + 基地 + 贫困户”模式

产品，同时向合作社租借土地并获得租金，在龙头企业专业技术指导下，生产高质量的农产品，通过企业的销售渠道销往市场。在该过程中，村委会与合作社负责组织协调贫困户，集中流转土地，引进当地龙头企业为其提供科技、管理及市场销售服务，通过龙头企业担保和合作社抵押向银行贷款作为基地建设的启动资金。宾川县的各产业发展基地每年预计产生的纯利润中有20%作为基地还贷资金，剩余资金中的 60%用于贫困户分红，20%作为合作社管理运营费用，10%作为村集体经济收入，8%作为基地运营机动资金，2%作为企业的技术支持服务费用。2016 年全县农村经济总收入达 65.72 亿元，比上年增长 12.22%。农业总产值达77.68 亿元，比上年增长 6.08%。农村居民人均可支配收入达 12 800 元，比上年增长 10.2%。

宾川县在“龙头企业 + 基地 + 贫困户”模式创新的过程中注重建立产业多元化风险防范机制，通过引入龙头企业担保贷款，筹措扶贫贷款风险补偿金，签订政企社三方零风险防范协议，建立了贫困户利益保障的长效机制；注重建立贫困户动态管理机制，对收入已达到脱贫标准，且能够自我持续发展的贫困户实行严格的退出制度，对特别贫困或丧失劳动能力的贫困户给予最低生活保障，对因病、因灾、因学等致贫返贫的贫困户则重新纳入扶助范围，同时注重因地制宜，科学布局特色农业。宾川县在坝区巩固葡萄产业，发展柑橘产业，壮大石榴产业；在山区则对中药材、蔬菜种植等传统产业提档升级，发展经济林果产业。根据气候特点，调整优化种植结构和品种结构，培植具有本地特色的水果、蔬菜、烤烟、经济林果、畜牧养殖、中药材六大高原特色产业。

（三）祥云县：产金互促

如图 2-3 所示，“产金互促”模式的最大特点在于将“产业造血”与“金融输血”有机结合，政府负责给积极参与扶贫的龙头企业提供政策支持和税收优惠，龙头企业负责向银行申请贷款，银行向贫困户发放贴息贷款，使贫困户在合作社的组织下将土地流转给龙头企业经营，并将贷款折股加入龙头企业或直接进企务工，贫困户在按劳取酬的同时可获得租金和股金收入。“产金互促”使入股的建档立卡贫困户在零风险、零投入的前提下获取股权分红收益，这充分发挥了政府推动、金融撬动、企业带动、贫困户联动的“四动”作用，实现了贫困户、村集体和企业的三方共赢。该模式既解决了企业的融资难题，又增加了贫困户的资本性收入。截至 2016 年 6 月，祥云县共有 1700 户建档立卡贫困户与当地龙头企业开展了“产金互促”合作，共入股新型农业经营主体 8500 万元，年底户均分红增收 3000 元，合计收入 510 万元。全县共投放了 4.07 亿元的贷款，其中投放到户的贴息贷款2.07亿元，获贷农户4221户；投放项目贴息贷款2亿元，获贷企业11个。

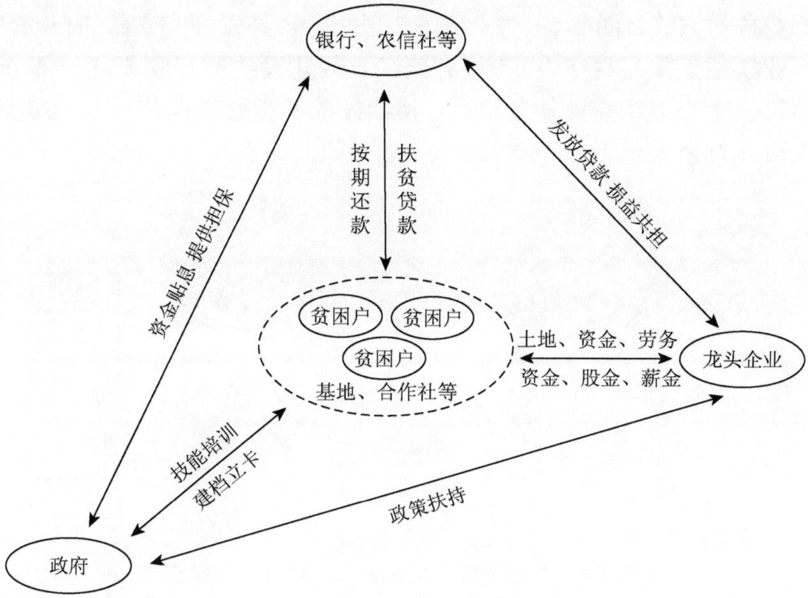

图2-3 “产金互促”模式

该县成功经验有三点。第一，加大力度，专项扶持。政府对建档立卡贫困户进行传统产业（种植业、养殖业、加工业）专项扶持，提高财政扶持额度，除在整乡推进、整村推进项目中安排不少于30%的项目资金，县财政还对没有产业项目覆盖的建档立卡贫困户给予每户3000元的产业补助，实现建档立卡产业扶持全覆盖，对于贫困户自主发展项目达到一定规模的，给予每户2000～3000元的财政专项扶持补贴。第二，发挥合作社的辐射带动作用，引导农户发展特色种养项目。祥云县共组建村级合作社38个，注入财政资金1020万元，立项扶持合作社4个，安排扶持资金280万元用于带动贫困户发展肉牛、山羊养殖等。第三，建设创意产业园区，鼓励贫困户自主创业。该县建成了泰兴特色农业科技创业园，园区内已有36家企业入园孵化，吸纳入驻返乡农民工、大学生及建档立卡劳动力442人，贫困户从中获得劳务收入1580万元。政府通过“贷免扶补”、创业担保贷款、“双十万”贷款等政策，鼓励贫困户创新创业，以创业带动就业，以创新优化产业。

（四）巍山县：党支部＋龙头企业＋贫困户

“党支部＋龙头企业＋贫困户”模式是以党支部为核心，发挥基层党组织的引领和协调作用，组织贫困党员带头发展产业，选择和引入有实力、有信誉的龙头企业，帮助建立龙头企业与贫困户的利益共同体，采取土地流转、入股分红、企业务工、培育产业工人等措施，增加贫困户的“三金”收入，实现贫困户增收脱贫的产业扶贫方式（图 2-4）。“十二五”以来，该县发挥党支部的带动作用，全面推进产业扶贫工作，共完成 16 个州级新农村建设扶贫开发项目、13 个产业扶贫开发项目、11 个龙头企业扶贫项目，累计投入各类财政扶贫资金 1.29 亿元，减少贫困人口 8 万余人。

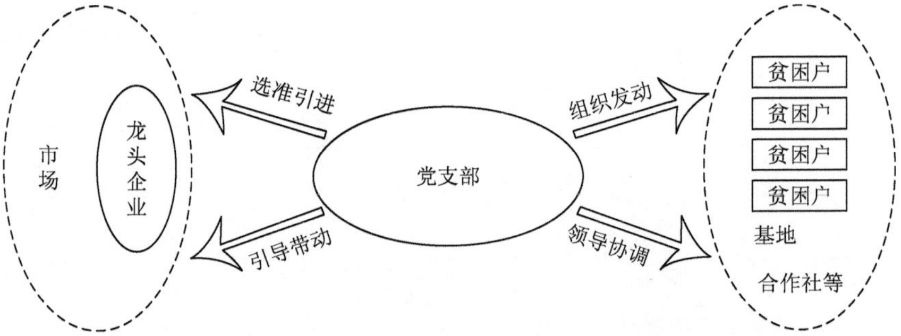

图 2-4　“党支部 + 龙头企业 + 贫困户”模式

俗话说，“村看村、户看户，群众看的是干部，脱贫靠的是党支部”，要想推动产业扶贫，实现精准脱贫，必须发挥党组织的带动作用，筑牢党支部战斗堡垒。巍山县紧紧围绕建设基层服务型党组织的目标要求，从组织建设、队伍打造、产业项目等多方面入手，找准致富产业，引入龙头企业，发展支柱产业，把党支部建在扶贫产业链上，切实增强了基层党组织服务精准扶贫的能力，使基层党组织真正成为推动脱贫攻坚的一线指挥部。该县调动贫困群众的积极性，由“要我脱贫”变为“我要脱贫”，通过党支部积极组织和发动群众，提高贫困群众组织化程度，进一步健全了村级民主管理制度，在民主决策和民主管理中，凝聚民智民力，不断增强基层党组织的公信力和向心力，形成“党员带领群众干，支部推着产业跑”的良好局面，使党支部成为推动农村产业发展的“主推手”和精准扶贫发展动态的“管理员”。该县十分注重思想扶贫，增强群众“自我造血”能力。党支部根据贫困人口的实际需求，本着实地、实用、实效的“三实”原则，开展全方位靶向式职业技能培训和工农实用技术培训，实行厂企联合、就业创业结合以及点对点指导，使每一个具有脱贫能力的贫困人口至少掌握一门劳动技能，实现就业一人、脱贫一户。

第三节　民族地区产业扶贫的对策探讨

一、调结构：以供给侧改革为驱动，优化民族地区产业结构

供给侧结构性改革的目标是完成去产能、去库存、去杠杆、降成本、补短板五大任务，其本质要求是从提升经济发展质量出发，用改革的办法推进产业结构调整，减少无效和低端供给，扩大有效和中高端供给，增强供给结构对需求变化的适应性和灵活性，提高全要素生产率。民族地区应以供给侧改革为动力，主动对高污染、高耗能产业实行关、停、并、转，淘汰落后产能，及时制定严格的行业准入标准、资源密集型产品能耗标准及技术使用标准，引导资源型产业扶贫向绿色新兴产业扶贫转变。从供给侧发力的同时，民族地区要致力于供给与需求的持续互动，积极承接符合生态环保要求的产业转移，扩大非资源型产业比例，打造对外开放的窗口。随着人们对旅游、健康、文化等高层次需求的日益增长，民族地区要紧跟市场变化，发挥自身优势，提升产业端供给质量，协同推进农、林、牧业与休闲、养生、民俗文化等现代旅游产业的深度融合，在旅游扶贫开发中撬动传统产业优化，带动民族地区贫困人口脱贫致富。将农产品的生产销售与周边地区乃至省外、国外的市场需求结合起来，依托电商产业倒逼传统农业向生态农业转型升级，使贫困人口在“互联网＋扶贫”中增收受益。西部民族地区要对接“一带一路”倡议，凭借独特的区位和农产品生产、手工制造等方面优势，与中亚、南亚等“一带一路”沿线国家开展合作，发展出口加工、物流运输和国际商贸，拉动相关产业投资，通过“走出去”消化过剩产能。

二、补短板：以基础设施建设为支撑，加快民族地区产业振兴

培育和壮大民族地区特色优势产业必须尽快补齐基础设施短板，增强其自我发展能力和可持续发展能力。社会事业发展和民生建设资金要向民族地区倾斜，让贫困群众共享改革发展成果。按照缺什么补什么的原则，全面解决民族地区群众生产生活中出行难、物流成本高和信息不灵的难题，加强贫困村寨和偏远地区水、电、气、交通及通信设施的规划建设，把实现区域内市场的一体化目标放在优先考虑的地位，提高民族地区县与县、县与乡镇、乡镇之间的各项基础设施的可及性和公共服务均等化水平：一是实施“公铁接驳”联运新模式，扩大高速铁路（简称高铁）辐射区域，加快沿线县域城镇化进程，打通民族地区产业对接的“最后一公里”，确保20户以上的自然村寨在“十三五”期间全部实现“六通”（通路、通电、通水、通广播电视、通电话、通互联网），对户数较少，解决“六通”

成本高，且生活环境太差的自然村及贫困户应实施易地扶贫搬迁；二是加快新型物流体系建设，改、扩建通村入户道路，满足农村大宗物流、旅游客车通行条件，在方便群众的同时，为产业发展提供支撑；三是加强信息化设施建设，抢抓大数据、“互联网 +”契机，以智慧城镇、智慧乡村为目标，加大信息化设施投资力度，推进城乡骨干信息网络的光纤化、数字化、宽带化普及提速工程，提升民族地区信息网络硬件基础设施水平；四是强化对交通、水利、电力等基础设施的定期检修和保养，并适时改造升级。

三、建机制：以利益联结为枢纽，构建民族地区产业脱贫机制

民族地区产业脱贫的关键在于对各类资源进行有效整合，发挥利益联结纽带作用，调动多元利益主体共同参与产业扶贫。要找准政府、市场、社会的角色定位，政府主要负责制度设计、基础设施建设、信用担保、协调服务、营造环境和法律维护等，引导各类市场主体实施专业化、产业化扶贫。产业扶贫既不能走简单的分钱送物“输血式”扶贫的老路，又要防止只扶持企业、合作社、大户而不辐射带动贫困户的“垒大户”行为。要以市场为导向，以扶贫效益到户到人为评价标准，注重扶贫产业及项目带动贫困户的数量和效果，构建合理利益分配与持续增收机制。由于民族地区贫困人口分散，产业发展资金不足，贫困户应通过土地入股、金融扶贫政策性贷款入股等参与合作社分红，合作社以劳动力雇佣、技术培训等途径带动增收。合作社负责吸纳贫困户成为社员，组织产前、产中和产后全方位服务，使诸多分散的贫困户联合起来形成较大规模的经营主体，并与龙头企业对接。贫困户与合作社以土地经营权折资入股，龙头企业运用现代农业理念进行规模化经营和机械化作业，在提高农地使用效益的过程中实现多方互利共赢。要构建产业扶贫资金使用和项目产权管理机制，放大财政扶贫资金的“引子”效用，采取先建后补、以奖代补、贷款贴息、民办公助、政府购买服务等方式，吸引更多社会资本投入产业扶贫。在明确固定资产权属的前提下，结合扶贫责任履行情况，实行所有权和经营权分离，将项目租赁、托管、移交给有能力的市场主体经营，实现保值增值，长期发挥扶贫作用。

四、促转型：以精准施策为导向，推动民族地区产业特色发展

产业扶贫要注重因户因人精准施策，切忌“一刀切”。大规模同质化的产业扶贫可能导致供求失衡，给民族地区贫困群众造成投资风险，因此要协调发展关联产业，以形成互补双赢格局，让贫困户从产业合作中分享收益。在相同或邻近的地区开发新型民族、生态、农家乐为一体的休闲旅游业，同步规划周边交通、餐

饮、住宿、生态种养、手工制作等行业产业，避免扎堆经营、盲目竞争。多民族是我国的一大特色，也是民族地区发展的一大有利因素，产业扶贫要以新发展理念为指导，利用好独特的生态和文化资源，走差异化、可持续的特色产业扶贫之路。民族地区自然环境、历史文化、发展基础差异较大，不能照搬发达地区产业开发模式，要根据各民族特点，坚持宜农则农、宜林则林、宜牧则牧、宜商则商、宜游则游的原则，推动民族地区特色产业上规模、上档次、上水平。边疆民族地区以农牧业生产、资源开采为主，产业种类单一，生态环境脆弱，市场发育迟缓，因此在兴办适宜民族经济发展的新型产业时，要做足绿色文章，打好文化品牌，如西藏的唐卡、贵州的千户苗寨、歌舞《云南映象》等已成为民族地区依托特色产业脱贫致富的成功范例。政府作为产业扶贫主体，应在金融信贷、税收优惠、场地租赁等方面加大对民族文化产业的扶持力度，优先向文化创意产业发放贷款，将文化创意产业率先纳入营改增试点范围。深挖民族文化中的优秀资源，建立动漫、影视、纪录片基地，发展家庭特色手工业，打造乐器村、丝绸村、织锦村等见效快、收益高的短期项目、小项目，帮助有经营意愿和能力的扶贫对象拓宽就业增收渠道。

第三章　民族地区旅游扶贫：模式与路径

旅游扶贫是一种投资少、见效快、返贫率低的“造血式”扶贫模式。我国民族地区多处于偏远山区或经济欠发达地区，自然风光秀美，生态文化旅游资源丰富，因此，要充分发挥旅游扶贫在民族地区脱贫攻坚战中的生力军作用。近年来，民族地区旅游扶贫取得了积极进展，但仍存在一些短板和突出问题，影响了旅游扶贫的总体效果。民族地区急需融入精准扶贫理念，创新旅游扶贫体制机制，用好生态环境和民族文化两大宝贝，在旅游扶贫开发的全过程中实现扶真贫和真扶贫。

第一节　民族地区旅游扶贫的含义、作用及优劣态势

一、民族地区旅游扶贫的含义

关于旅游扶贫的含义有三种代表性的观点：一是经济模式说，旅游扶贫是在旅游资源条件较好的贫困地区，通过扶持旅游来推动区域经济振兴的一种经济发展模式；二是产业带动说，旅游扶贫是在欠发达地区以当地旅游资源为依托，借助外部有利因素促进旅游产业发展，通过旅游产业的关联带动，促进脱贫致富；三是受益发展说，旅游扶贫作为一种有效的开发式扶贫方式，目的是使贫困人口在旅游发展中获得更多就业机会。旅游扶贫的对象是具有一定旅游发展条件的欠发达地区或贫困地区，既包括贫困地区与贫困人口（绝对贫困），又包括虽已脱贫但经济仍处于欠发达状态的地区。综上所述，民族地区旅游扶贫是指，我国少数民族贫困地区以独特的生态禀赋和多彩的民族文化为条件，借助政府政策扶持及其他外部有利因素，激发当地群众参与的积极性，整合各方资源，共同促进旅游产业发展，并通过旅游产业的带动，实现脱贫致富目标的精准扶贫模式。

二、民族地区旅游扶贫的特殊作用

（1）有助于迅速拉动少数民族贫困地区经济发展，拓宽民族地区同步小康路径。相比传统种养殖业，旅游是一个附加值高的服务业。民族地区旅游扶贫实际

上也是一种产业转型升级的体现，从较低附加值的农牧业转变为中高附加值的服务业，从第一产业调整到第三产业，可以使群众快速脱贫致富。在云南省丘北县双龙营镇的仙人洞村，当地以彝族撒尼支系风格的古村落为中心，打造了水上娱乐、休闲度假、农业观光、湿地体验等多种旅游形态，全村 196 户，家家做起了旅游生意，成为“丘北脱贫致富第一村”。

（2）有助于保护生态环境，实现民族地区可持续发展。旅游业的发展不能以牺牲环境为代价，依托生态资源发展民族地区旅游业，必须遵循绿色发展理念，在保护环境的前提下适度开发。湖北省恩施土家族苗族自治州把旅游扶贫作为实现精准脱贫和加快生态文明建设双赢的关键举措，相继出台《恩施土家族苗族自治州清江保护条例》《恩施土家族苗族自治州丹霞地貌保护条例》《恩施土家族苗族自治州酉水河保护条例》等地方性法规，提高环境准入门槛，严控能源消耗，为旅游扶贫打下了坚实的生态基础。

（3）有助于守护民族记忆，促进少数民族文化传承与发展。民族地区文化是一个有着内在关联的有机整体，既传承着少数民族祖祖辈辈的文化基因，也蕴含着无限丰富的开发契机。例如，壮族“三月三”、瑶族“盘王节”、彝族“火把节”等民族节庆文化，蒙古长调、侗族大歌、苗族舞蹈等民族音乐歌舞，都汇集着历史文化的涓涓细流，浸润着文化生态的世道人心，是旅游扶贫的重要载体。

（4）有助于吸纳当地少数民族群众参与，增强自我脱贫的内动力。旅游业对民族地区脱贫攻坚和改善民生具有很强的带动作用，能有效调动群众全面参与到旅游开发中，通过旅游业促进就业创业，增强民族地区精准脱贫的内在动力。

三、民族地区旅游扶贫优劣态势的 SWOT 分析

作为已广泛运用于战略管理及相关领域且具有一定普适性的 SWOT（strength weakness opportunity threat）分析法，其不仅可以为研究当前我国民族地区旅游扶贫现状及问题提供新视角，还能够从战略设计和政策选择的角度进一步阐明旅游扶贫的未来趋向。民族地区旅游扶贫战略的 SWOT 分析模型见表 3-1。

（一）内外部条件

1. 外部机遇

随着“旅游 +”、全域旅游、“一带一路”旅游合作等战略和倡议的深入实施，民族地区旅游业进入了黄金发展期。2013 年，为落实《关于创新机制扎实推进农村扶贫开发工作的意见》，中华人民共和国国家旅游局（简称国家旅游局）会同中华人

表 3-1　民族地区旅游扶贫战略的 SWOT 分析模型

外部因素 / 战略选择 / 内部条件	优势 S	劣势 W
	1. 民族地区自然资源得天独厚； 2. 少数民族文化丰富多彩； 3. 民族地区旅游业具有广阔的发展空间和潜能	1. 少数民族贫困地区底子薄、条件差，对一些民族文化遗产的发掘和保护不够； 2. 民族地区旅游专业技术力量不足，缺乏旅游扶贫的本土人才； 3. 少数民族传统风俗习惯与现代旅游之间存在一定的冲突
机遇 O	S + O	W + O
1. 旅游业新的市场需求及其产业带动； 2. 各级政府对民族地区旅游扶贫工作高度重视，出台了相应支持政策； 3. 现代交通运输能力的大幅提升及互联网等信息推广途径的不断拓展，为民族地区旅游业的发展和旅游扶贫带来了机遇	民族地区要发展全域旅游，应以满足大众旅游的新需求和创新经济发展为导向，推动民族地区“旅游 +”战略实施、脱贫攻坚和产业转型升级	民族地区要加强旅游扶贫人才培养，提高少数民族群众参与度，增强旅游产品的吸引力
威胁 T	S + T	W + T
1. 盲目和过度开发旅游资源对民族地区生态环境及文化遗产造成负面影响； 2. 民族地区旅游行业的恶性竞争，以及过度物质化、同质化倾向； 3. 民族地区自然灾害频发，旅游扶贫具有脆弱性	民族地区要以绿色发展、生态优先为原则，加强生态环境和文化遗产保护，走可持续发展的旅游扶贫之路	民族地区要依法治理旅游行业突出问题，树立良好的旅游目的地形象，为旅游扶贫营造优质的软环境

民共和国国家发展和改革委员会（简称国家发改委）、国务院扶贫办等部门出台了《关于联合开展“旅游扶贫试验区”工作的指导意见》，将民族地区具备条件的贫困村纳入了美丽乡村旅游扶贫工作的重点村和试点村范围，并给予大力扶持。从交通对旅游的带动来看，伴随高铁的陆续开通，广西、新疆、内蒙古等西部民族地区突破了交通瓶颈的制约，给旅游扶贫创造了良好条件。从现代信息技术对旅游的推动来看，通过互联网来宣传和推广民族地区的旅游资源，有助于快速提升旅游目的地的知名度和影响力。

2. 外部威胁

近年来，许多村寨因游客的涌入产生了大量旅游垃圾，破坏了环境和景观。如果不能有效保护环境，走绿色开发之路，旅游扶贫不仅难以持续，而且脆弱的生态环境可能会恶化。旅游兴盛之后，当地少数民族群众可能会从原有的社会关系中脱离出来，转向做生意，甚至存在同质化竞争的倾向。有些地方为了开发旅游而大兴土木，导致地价飞涨，当地群众将世代居住的土地卖给地产开发商，搬出了长期生活的村落，古建筑、古民居、历史遗址在景区的改造中也遭到了破坏。

不难设想，如果少数民族不再关注原有民俗，游客对景观的精神内核就不能有效触及，旅游的价值必将丧失。此外，民族地区应对气候变化及突发性自然灾害的能力较弱，洪灾、旱灾、地震等对旅游扶贫的影响大。

3. 内部优势

我国贫困地区集中分布在西部民族地区，这些地区既有沙漠、戈壁、雅丹地貌等自然奇观，也有高山、雪原、冰川、湿冷植被和高寒动物，独特的自然风貌形成了发展旅游业的巨大优势。我国贫困地区多为少数民族地区和革命老区，民族文化资源丰富。以湖南武陵山片区为例，土家族、苗族、侗族、瑶族等少数民族聚居于此，是多种文化碰撞的交融区、厚重历史文化的沉淀区，拥有诸多稀缺性、独特性的旅游资源。旅游的发展成为带动民族地区相关产业大发展、大提升、大跨越的支点。

4. 内部劣势

少数民族贫困地区底子薄、条件差，在旅游扶贫开发过程中缺乏切实有效的保护措施，对一些文化遗产的发掘和保护不够，尤其是一些人口较少民族的医疗方法、天文历算、农耕习俗、优秀文化作品等亟待抢救。现阶段，民族地区普遍面临引不来、留不住的人才困境，我国民族地区的旅游从业者大多为当地居民，文化素质参差不齐，对旅游扶贫战略也缺乏认识，仅停留在对一些景点情况的简单介绍，阻碍了旅游目的地影响力和知名度的提升。同时，传统风俗习惯与现代旅游之间仍然缺乏最佳的平衡，习俗封闭性与旅游开放性之间的矛盾依然制约着民族地区旅游扶贫开发的进程[①]。

（二）战略抉择

（1）S + O 区域。民族地区要发展全域旅游，应以满足大众旅游的新需求和创新经济发展为导向，推动民族地区“旅游 +”战略实施、脱贫攻坚和产业转型升级。

全域旅游与传统单一或孤立的旅游业发展路径不同，它是指在一定区域内，以旅游业为优势主导产业，通过对旅游资源、相关产业、生态环境、公共服务等全要素资源进行优化提升，实现区域资源有机整合、产业深度融合、社会共建共享，以形成游客长时间停留、愿意支付旅游费用，以及提高目的地居

① 受传统文化习俗的影响，土家族、瑶族等少数民族有某些特殊的主客禁忌，他们有的要求入住家中的夫妻游客必须分房而睡，有的直接拒绝留宿游客，这对当地发展乡村民宿旅游不利。

民生活质量的区域旅游发展理念和模式。民族地区要顺应旅游业全面升级、大众旅游时代加速到来的趋势，把全域旅游作为提升区域发展水平以及实施精准扶贫的战略，在基础设施建设、景区开发、民族文化挖掘等方面下功夫，解决“重景区、轻全域”、体制不顺畅、机制不协调、特色不鲜明的问题，将旅游业培育成为经济转型升级的助推器、生态文明建设的新引擎、打赢脱贫攻坚战的生力军。

（2）S + T 区域。民族地区要以绿色发展、生态优先为原则，加强生态环境和文化遗产保护，走可持续发展的旅游扶贫之路。

在民族地区生态系统对经济社会发展承载能力逐步减弱、经济发展与生态建设两难抉择的背景下，加强民族地区生态文明建设，不仅关系到可持续发展，也关系到国家的生态安全和永续发展。对民族地区而言，特殊的生态地位决定了其不可能像有的地区那样搞大工业、大开发，而应以创新、协调、绿色、开放、共享的新发展理念为统领，把绿色发展、生态优先原则贯穿于旅游扶贫的全过程，充分发挥旅游业作为富民产业、绿色产业的优势，创造更多的生态财富。从这个意义上讲，加强生态环境和文化遗产的保护，走可持续发展的旅游扶贫之路，既有利于少数民族群众通过发展旅游脱贫致富，又有利于民族地区经济社会协调发展，进一步筑牢民族团结的坚实根基。

（3）W + O 区域。民族地区要加强旅游扶贫人才培养，提高少数民族群众参与度，增强旅游产品的吸引力。

旅游活动不仅伴随着文化互动、资本转化，还不断重塑着旅游目的地的传统文化，体现出高度的互动性与实践性。在民族旅游领域中，如景区经营管理、导游、食宿服务、传统技艺展示等环节，都需要有各类人才以文化掮客的身份，习得并传播民族文化，建构旅游目的地的“舞台真实性”，以推动旅游区的文化型塑。民族地区要打好文化牌，就必须加大对扶贫干部、旅游从业人员、文化传承人的培养力度，提高旅游扶贫人才队伍的整体素质。精准扶贫语境下的旅游扶贫，并非简单的开发乡村旅游资源。旅游业只是手段与途径，真正的目的是在市场主导旅游发展的基础上，通过政府引导和调节，提升贫困群众参与和分享旅游收益的能力。

（4）W + T 区域。民族地区要依法治理旅游行业突出问题，树立良好的旅游目的地形象，为旅游扶贫营造优质的软环境。

要针对各种旅游乱象，重拳出击，依法治理，树立民族地区良好的旅游目的地形象。随着人们旅游消费形态不再局限于传统的观光旅游，以及休闲游、度假游、养生游、商务游、修学游等的兴起，旅游的供给侧发生了重大变化。民族地区要以旅游供给侧改革为导向，重点加强乡村旅游法规建设，形成乡村旅游服务管理的规范体系，采取统一标识标牌、星级化管理、标准化考核等方式，推动旅游扶贫从粗放式管理向依法规范管理转变；完善旅游扶贫的治理结构，建立旅游、扶贫、工商、卫计、环保等部门联席会议制度，强化业务指导与协同管理相统一，依托村集体、合作社、旅游协会等社会力量，推动旅游扶贫从单方供给向多元共治升级。

第二节　民族地区旅游扶贫的模式分析

一、按照旅游扶贫的禀赋优势来划分

（一）生态旅游扶贫

1. 模式概述

生态旅游（ecotourism）是由世界自然保护联盟（International Union for Conservation of Nature，IUCN）特别顾问谢贝洛斯·拉斯喀瑞于1983年首次提出的，1993年，国际生态旅游协会将其界定为具有保护自然环境和保障当地居民生活双重任务的旅游活动。民族地区生态旅游的概念从属于生态旅游的范畴，是在生态环境优越、自然资源丰富的民族地区，发展以欣赏、体验、探究和保护自然景观为目标的旅游业，并带动关联产业发展，促进脱贫致富的精准扶贫模式。

2. 个案演绎：广西龙胜“三位一体”生态旅游扶贫

龙胜各族自治县是第二批广西特色旅游名县。该县按照“生态立县、绿色崛起”的战略定位，把保护生态环境作为旅游业发展的动力之源，修建了一条长300多公里、连接全县所有乡镇和80%行政村的生态旅游扶贫大环线，将全县作为一个大景区来打造。以生态、旅游、扶贫“三位一体”的模式，带动更多龙胜群众吃上“旅游饭”“生态饭”，摆脱贫困奔小康。大寨村共有293户1204人，几乎全部为瑶族，过去不通公路不通电，是一个典型的贫困村。自2003年修通公路以来，大寨村与桂林龙脊旅游有限责任公司签订协议，共同开发金坑梯田景区，景区每年从门票收入中按比例补偿给大寨村作为梯田维护费，村民则需按照规定种植水稻并维护梯田景观。村民种田除了有收成，还有旅游分红，积极性空前高涨。近年来，在政府引导下发展乡村旅游，瑶族群众端起了旅游“金饭碗”，大寨村成为远近闻名的富裕村。2015年，入村游客量达51万人次，景区门票、索道费、耕种补贴三项合计399.7万元，村民分红最多的达3.8万元，少的也有八九千元。如今，大寨村脱贫致富奔小康的路越走越宽。

3. 经验分析

生态文明建设是中共十八大明确提出的“五位一体”建设中的重要一项，不仅秉承了天人合一、顺应自然的中华优秀传统文化理念，也是国家现代化建设的需要。“绿水青山就是金山银山”的科学论断，是树立生态文明观、引领中国走向绿色发展之路的理论之基。民族地区生态旅游扶贫要处理好生态、旅游和扶贫三者之间的关系，绝不能以牺牲环境为代价，要突出强调旅游者、旅游从业者、旅游经营管理者、旅游扶贫工作人员和当地各族群众对环境的敬畏和对自然景观的保护。民族地区发展生态旅游要与精准扶贫精准脱贫相结合，适应旅游大众化、品质化的要求，在专、特、优上做文章，对不同的客源市场进行细分，开发避暑、探险、农事体验等多样化的中高端旅游项目，满足个性化、特色化旅游产品和服务需求，从靠山吃山向养山富民转变。

（二）文化旅游扶贫

1. 模式概述

民族地区文化旅游扶贫是指在“文化＋旅游＋扶贫”战略下，挖掘、保护和利用民俗民间文化、历史名人文化、红色文化等资源，通过发展文化旅游，帮助民族地区群众脱贫致富的精准扶贫模式。随着传统观光旅游逐渐向以健康、休闲、体验为主的现代旅游转变，文化旅游已成为我国旅游业发展的新动力和新经济增长点。民族地区应以丰富的民族文化为载体、以文化旅游产业为抓手、以脱贫攻坚为目的，走出一条具有少数民族特色的文化旅游扶贫开发之路。

2. 个案演绎：文化旅游扶贫引领六盘山走出“深闺”

宁夏六盘山区是我国14个集中连片特困地区之一，曾是古丝绸之路东段北道要塞，也是中国工农红军长征结束纪念地，因毛主席诗词《清平乐·六盘山》蜚声海内外。虽然有丰富的旅游资源，但由于道路交通不便和信息闭塞，这里一直“养在深闺人未识”。直到20世纪80年代，全区仍有贫困人口101.5万人，分布在1000多个村，其中有35万人居住在自然条件恶劣、生态失衡的地方。2000年，国家旅游局及国务院扶贫办等部门确定六盘山区为首个旅游扶贫开发试验区，当地随之将旅游业作为龙头产业，出台了相关政策，文化旅游扶贫工作全面铺开，彻底改变了这个贫瘠地区的面貌。

泾源县冶家村农户冶三成经营的“巧媳妇农家乐”是村里最早的一批农家乐之一，也是村里规模最大的一家农家乐。就在开办农家乐之前，他和乡亲们一样，还过着全家为温饱四处奔波勉强度日的生活。2007年农家乐开张，冶三成当年收入

2万多元，第二年就翻了一番，2009年又增加到8万多元。短短几年间，他不仅住上了二层小楼，买了小轿车，一年的纯收入还超过了30万元。如今每年旅游旺季的收入，相当于往年一年全家的收入。冶家村所在的泾源县回族人口比例居全国之首，少数民族文化浓郁，美丽的自然景观和独特的民族文化，吸引了各地游客前来游玩。经过十多年的开发，宁夏六盘山旅游品牌初步形成，其中包括以六盘山红军长征纪念馆为重点的红色旅游区、以六盘山国家森林公园为重点的生态观光和休闲度假旅游区、以宁夏西吉火石寨国家地质公园为重点的地质观光旅游区、以须弥山石窟为重点的丝绸之路文化旅游区等。随着品牌知名度的扩大，旅游扶贫效应也不断显现。

3. 经验分析

民族风景区之所以能够吸引外来游客，从根本上说，还是因为当地文化具有民族性、独特性。文化发展与旅游扶贫是相辅相成、相互促进的。文化共生是多元文化之间紧密联结、共存、和谐的文化状态。民族地区在发展旅游的同时，诱导传统文化向现代文化变迁。扶贫部门、景区企业、文化社团，以及当地少数民族群众和外来游客等共生单元之间相互联系、相互依存，在旅游生产、消费和交换的过程中彼此激活，在文化挖掘、保护和传承的共生界面上协同进化，催生文化发展的新动能。文化旅游扶贫的共生模式承担了文化共生单元之间物质、信息、能量交换的媒介与传导功能，不断推动由一元单一的文化管理向多元互动共治的文化治理转变。依据共生理论，如果只保护民族文化，或者只一味强调保护少数民族传统文化，而不通过旅游扶贫带动民族经济的发展，少数民族群众也无法共享人类现代文明成果。推动民族文化真正繁荣发展，要靠文化产业和文化生产力。文化旅游扶贫必须坚持民族文化开发与保护有机结合，促进旅游业可持续发展，实现外来文化与民族文化、传统文化与现代文化和谐共生。

二、按照旅游扶贫的治理结构来划分

1. 模式概述

政府主导模式是国家或各级民族地方政府凭借其公信力、财政实力，以及强有效的资源整合能力，通过制定和出台政策法规，采取各种措施，对旅游开发进行规划和指导，为旅游产业的发展投入资金，创造环境，以带动脱贫致富的旅游扶贫模式；企业参与模式是在政府政策引导下，企业通过获得旅游资源和品牌的使用权与经营权，参与旅游扶贫开发，在负责投资建设、运营和管理景区的过程中，带动群众脱贫致富的旅游扶贫模式；社区互助模式是以村集体或当地群众为主体，将社区旅游与扶贫相结合，发挥群众参与的积极性和主动性，通过劳动用工、合作伙伴等互助形式，实现增收脱贫的旅游扶贫模式。以上三种模式相互依存、互相促进，是一个不可分割的有机整体。

2. 个案演绎：多元主体共促瑶乡旅游脱贫

为打造中国白裤瑶民族风情旅游度假区，南丹县政府于 2013 年将歌娅思谷景区规划范围内的特许经营权授予民营企业广西东谋旅游开发有限责任公司（简称东谋公司），由该公司投资建设景区。在开发中遇到的最大难题是用地问题。经协商，东谋公司以每年每亩（1 亩≈666.7 平方米）600 元的租金流转周边农户土地 823 亩，优先安排租地农户和周边农民在景区就业。与景区签订就业合同的有 153 人，其中贫困人口 87 人，分别安排从事保安、环卫等工作，月均工资 2000 元，有 54 名村民兼职参加原生态民俗风情篝火晚会演出，每人月均收入 400 元。东谋公司还给予有经营意愿的农户低价租赁商铺的优惠，让他们销售旅游商品、乡土小吃、农特产品，月均收入 2000 元。在当地政府的支持下，东谋公司参与的旅游扶贫项目顺利开展，这让更多的农民参与到旅游发展中，带动了更多瑶族群众脱贫致富。据统计，歌娅思谷景区辐射带动里湖瑶族乡瑶里村、里湖社区和城关镇恩村共 549 户村民参与乡村旅游，共有 139 户贫困户 569 人在景区发展中获益，其中 103 户贫困户 443 人实现脱贫。

歌娅思谷景区内的王尚屯是白裤瑶族聚集地之一。2010 年，广西河池市政府整合资金 110 多万元改造王尚屯的基础设施，东谋公司在这里建立了南丹县民族工艺传承基地。身着瑶族服装的妇女用传统针法绣制瑶锦，向游客展示原始针绣工艺。经过 6 年的旅游开发，闭塞落后的瑶寨逐步摆脱了贫困。在王尚屯特色村寨，东谋公司采取“公司 + 合作社 + 农户”的模式开展旅游扶贫，依托白裤瑶生态旅游农民专业合作社，吸纳农户入股。合作社以相应比例的景区门票收入给入股农民分红，帮助他们增收致富。

3. 经验分析

旅游企业到少数民族地区投资兴业，本身就是一种扶贫，因为通过旅游开发及运营推动可以促使当地经济快速发展。政府首先应当一视同仁，给予企业和社会投资的旅游项目同等的待遇，积极申请将其纳入国家扶贫项目并予以支持，处理好政府与市场的关系，在旅游扶贫中强调政企分工与合作，政府宏观调控的能力更强，特别是在获取政策性资源方面扮演着不可替代的角色，而企业更能洞悉市场变化，有利于建立旅游扶贫的长效投入机制。在涉及旅游开发的易地扶贫搬迁上，政府的作用更大，而在安排就业和利益联结方面企业的优势更为明显。民族地区旅游发展的基础薄弱，旅游企业规模小、资金不足，旅游扶贫工作需要多种形式的政企合作。政府既要负责道路、桥梁、水电、网络等基础设施建设，又要协助企业解决融资难等问题，变过去银行向贫困户或村集体贷款为直接贷款给企业。企业则要兑现合同承诺，在旅游开发和项目运营能力范围内积极帮助参与项目的贫困户脱贫。当然，政府对加强行业的监管责无旁贷，理应依法严惩打着旅游扶贫旗号对生态环境和民族文化遗产进行破坏的行为。

第三节　民族地区旅游扶贫的“花垣模式”①

一、巨变·经验·精神：十八洞村旅游扶贫的分析性叙述

十八洞村位于湘西州花垣县双龙镇西南部，地处武陵山连片特困地区的中心地带，距县城34公里，因村内有18个天然溶洞而得名②。全村6个村民小组，225户939人，人均耕地仅0.83亩。2013年的人均纯收入仅1668元，不到当年全国农民人均纯收入的五分之一，是一个典型的贫困苗族聚居村。2013年11月3日，习近平总书记视察湘西州，亲临十八洞村调研，为苗家父老乡亲带来了中央的亲切关怀，并首次提出了精准扶贫的新时期扶贫攻坚基本方略。

（一）乡村旅游扶贫的“苗寨故事”

1. 单身汉引来了“巧媳妇”

“三沟两岔山旮旯，红薯土豆玉米粑，要想吃餐大米饭，除非生病有娃娃”。这是十八洞村过去贫困面貌的真实写照。穷乡僻壤，男人娶媳妇自然成了难题。前些年，全村40岁以上的未婚男青年有近40人，施全友就是其中之一。2010年，施全友在浙江结识了一起打工的重庆姑娘孔铭英。恋爱期间，因担心女朋友看不上自家条件，他特意要了一个小心机——等和孔铭英相处两年，有了一定的感情基础后，才将她领回家。但一进门，孔铭英还是被他家的贫困状况吓住了。那次回去后，孔铭英开始冷淡施全友，独自去了广东打工。

2014年初，县里扶贫工作队来到了十八洞村，和村民们一起改水、改厨、改厕、改浴，为村里铺上了青石板路，建好了停车场，修起了游步道。仅一年时间，

① 本节内容整理自课题组赴湖南省湘西州花垣县民族宗教事务和旅游文化广电新闻出版局获得的调研资料。

② 传说古夜郎国战败后，翻山越岭来到湘西，找到了一处能容纳几万人的大溶洞，洞内有十八叉溶洞，洞洞相连，夜郎先人便于此定居、休养和繁衍。此洞遂名夜郎十八洞，简称十八洞。

全村水、电、路等一系列基础设施很快得到了全面改善，施全友家已有百余年的木头老房子也焕然一新。施全友看到村里发展的美好前景，又重新燃起“脱单”的希望。他将村里的变化拍成几组照片发给远在广东打工的孔铭英。看过照片，孔铭英半信半疑，决定再次来十八洞村看看。这次一进十八洞村，孔铭英就被村里的变化深深震撼了，坚定了与施全友在一起的决心。2015 年元旦，两人高高兴兴地结了婚，43 岁的施全友终于成功“脱单”。一寨人聚在施全友家，按照苗家习俗抢喜糖、喝米酒、吃长龙宴，热闹了好几天。

随着十八洞村的名气越来越大，来观光旅游、学习经验的人也越来越多，施全友抓住乡村旅游这一商机，办起了农家乐，一年下来能纯收入五六万元，最近，家里又添置了一辆 10 余万元的小汽车。由于村里有地道的农家饭，价廉味美，几乎天天都有游客上门，最为火爆的时候，施全友一家老小齐上阵，依然忙得团团转。仅 2016 年，十八洞村共接待游客近 30 万人次，带动全体村民在村寨就业。人均纯收入由 2013 年的 1668 元增加到 8313 元，136 户 533 名贫困人口全部脱贫。全村贫困发生率降至 1.17%，集体经济收入 7.5 万元，基础设施和公共服务基本完善，全村提前退出贫困村行列。

2. 两个合作社的“明细账”

石顺莲是十八洞村的女能人，当了近 20 年的村支书，前几年才退休。但人退休了，她为村民服务的心依然闲不下来。外来游客的不断增多使对民族特色手工艺品的需求也越来越大。于是，她认准发展苗绣是一项非常有前景的特色产业。2014 年 5 月，在州、县有关部门的帮助下，石顺莲把村里的妇女组织起来，注册成立了十八洞村苗绣特产农民专业合作社。合作社成立之初，掌声不多，泼冷水的倒不少，村里的人也是冷言冷语，就连石顺莲的家人都不赞成。因为千百年来，这个村庄的村民只能也只会靠田、靠山吃饭。2013 年以前，村里的产业几乎是空白的。

花垣县的苗绣历史悠久、工艺精湛，被列入第一批国家级非物质文化遗产名录。再加上村里留守妇女多，又个个心灵手巧，针线功夫十分精细，人才优势突出。在各级党委政府的引导帮助下，合作社实行“公司 + 合作社 + 农户”的经营管理模式，先后与花垣县五新苗绣、金田苗绣、湘西指尖生花等公司达成了合作意向。由公司提供原材料和绣样，合作社农户负责织绣加工，最后，再由公司根据每件绣品的质量负责收购，支付农户加工费。合作社成立第一年，便签订了 100 多万元的订单，累计回收苗绣半成品 2000 余件，赚取加工费 20 多万元，入社农户每人每月平均能领到工资 1500 多元。

村支两委针对地少且高度分散、无法形成规模化和专业化生产的问题，转变思路，提出了“跳出十八洞、发展十八洞”的理念。2014 年 7 月，十八洞村扶贫工作队领着村民代表赴四川蒲江等地“取经”回来后，决定发展猕猴桃特色产业。当年9月，十八洞村与苗汉子野生蔬菜开发专业合作社合作，成立了十八洞村苗汉子果业有限责任公司，在县农业科技示范园流转土地1000亩，种植优质猕猴桃。公司注册资金600万元，其中，由合作社出资306万元，控股51%；村集体经济组织出资71.85万元，控股12%；非贫困户政策扶持资金入股59.55万元，控股9.9%；贫困户人口542人按照政策享受的扶持资金共计162.6万元（每人3000元）入股合作社，控股27.1%。公司还以猕猴桃产业基地1000亩土地的经营权作为抵押，从华融湘江银行湘西分行贷款1000万元，解决了种植的融资难题。2017年，十八洞村与苗汉子野生蔬菜开发专业合作社联手种植的精品猕猴桃成功挂果，吸引了周边村寨的乡亲们，以及保靖、吉首、重庆等周边县市的学习考察团队，前来参观考察的干部群众与游客络绎不绝。

3. 唤起精气神，破除“等、靠、要”

村容村貌的美化有利于提振乡村旅游。起初，十八洞村基础设施的改造工作并没有想象中的那么顺利。全村6个村民小组分散在4个自然寨。过去寨与寨之间，村民们各有算盘，村合心不合，经常产生矛盾。2014年1月23日，十八洞村扶贫工作队进驻的第一天，就遭遇下马威。因修机耕道占用自家农田，4组村民施长寿和两个儿子分别拿着柴刀、钢棍阻止施工。其他村民纷纷涌上前，准备强行把他们拖走，械斗一触即发。工作队队长龙秀林赶来，问施长寿到底有什么要求。施长寿担心，修机耕道最先占用他家农田，如果后面的村民不同意，导致机耕道修不成，他岂不是吃了哑巴亏，经询问，其他村民都表态支持修机耕道。龙秀林当场起草协议，被占用农田的村民一个个签字画押，让施长寿吃下了定心丸，阻工风波也成功化解。此前，也曾有工作队来这里扶贫，主要是送钱送物。工作队一走，村民们又陷入了贫困。没看到真金白银，不少村民冷嘲热讽，工作队连动员会也没开成。龙秀林意识到这是块真正的硬骨头，他认为如果不唤起贫困群众的精气神，光靠干部唱独角戏，将是死路一条。扶贫先扶志，首先必须破除贫困群众“等、靠、要”的思想。

工作队和村支两委从集体活动入手，过苗年、办画展、搞晚会……每次都刻意打破村寨界限，拉近村民心理距离。他们还想了个绝招——实行思想道德星级化管理。从发展致富产业、支持公益事业等方面，让村民以组为单位互相评议、打分。根据评议结果，村里给每家每户贴上星级牌，得分最高的是五颗星，星级越高越受游客青睐。通过星级评比，村里说风凉话的村民少了，主动参与公益事业的村民多了。工作队因势利导，投入资金，鼓励群众自己动手，开展“五改”（改水、改厨、改浴、改厕、改造民居），十八洞村的村容村貌在一天天变美。

（二）可复制可推广的“十八洞”模式

1. 全域旅游：旅游扶贫总抓手

十八洞村利用丰富的自然景观和文化资源优势，因地制宜，把发展全域旅游作为脱贫攻坚的总抓手。一是实施全域旅游规划，以旅游发展规划统领村寨建设规划、土地利用规划、环境保护规划，做到多规合一。引入首旅集团华龙旅游实业发展总公司、北京消费宝资产管理有限公司，斥资6亿元，以十八洞村为龙头连接周边10个村，连点成线打造蚩尤部落大景区。二是实行全域资源整合，整合各方资金、资源、资产和资本，统筹抓好旅游业，按照保持原貌、展现特色的思路，实施“五改”工程，完善旅游服务设施，打造宜居宜游的村寨环境。通过发展旅游商品、购物、餐饮、住宿、采摘等关联产业，形成了以旅游业带动全域产业联动的大格局。三是开展全域文明创建，十八洞村探索出了思想道德星级化管理模式，每半年组织召开一次村民大会，对全村16周岁以上的村民，从支持公益事业、遵纪守法、家庭美德等六个方面进行互相评分，按得分多少，分别评为二星级至五星级。近年来，十八洞村分别荣获了“湖南省法治工作示范村”“湖南省文明村镇”“第三批全国宜居镇村”等称号。

2. 全员参与：旅游扶贫内动力

一是建强组织，筑牢堡垒。2013年，十八洞村24名党员平均年龄55岁，散漫、薄弱是当时党支部的实际状况。为有效推进精准扶贫工作，省委、州委、县委派出扶贫工作队进驻十八洞村，选派第一书记驻村，推选三名产业带头人、一名大学生村官成为村主要干部，班子结构得以优化，班子成员的带动能力进一步增强，筑牢了基层党组织的战斗堡垒。二是党建引领，激发动力。发挥基层党组织的引领作用，教育引导村民克服“等、靠、要”的依赖思想，提振精气神，把村民思想教育摆在首位，增强脱贫内生动力。通过开展一张好名片、一方好山水、一个好故事、一首好歌曲、一种好理念、一支好团队的“六个一”教育活动，增强了村民的文化自信、发展自信。三是扩大参与，互助合作。营造自主参与的氛围，让群众全面参与到旅游扶贫中，做到开发一个景点、富裕一方百姓。三年来，村民参加旅游基础设施建设自愿投工投劳2800余人次，涌现出一大批热心公益、守望相助的典型人物和先进事迹。例如，村里要修建停车场，三年前因不准电杆架在自家田里而大闹村部的施六金主动无偿让出一亩多地；央视航拍设备摔落深山，龙玉菊等20多名村民自发攀下山涧寻找；外来民工肖磊在农网改造时触电晕倒，杨进昌等多位村民舍身救人等。2016年，十八洞村被评为“全国先进基层党组织”。

3. 全民共享：旅游扶贫新途径

十八洞村在精准识别贫困户的基础上，“一户一策”帮助贫困户参与发展旅游业，确保每个贫困户都能在吃、住、行、游、购、娱的旅游产业链中受益：一是自主经营农家乐模式，组建村游客接待服务中心，对自办农家乐实行统一接团、统一分流、统一结算、统一价格、统一促销的“五个统一”管理，全村已开办示范农家乐八家，户均年收入达 10 万元以上；二是“合作社 + 农户”模式，摸索出“资金跟着穷人走、穷人跟着能人（合作社）走、能人（合作社）跟着产业走、产业跟着市场走”的经验，组建了苗绣、猕猴桃种植、果桑种植等八个农民专业合作社，新开发的 1000 亩猕猴桃产业化基地建成后，通过游客入园采摘和网上销售等方式经营，每年人均可增收 5000 元以上，村集体年增收近 100 万元；三是网络营销采摘权模式，发动全村 225 户农户加入“11 •3”工程（每户种植冬桃 10 棵、黄桃 10 棵，养殖稻花鱼 300 尾），依托“邮三湘”网络平台，每株桃树按每年 418 元的标准对外销售采摘权，购买了采摘权的人可以授予其“十八洞村荣誉村民”称号，并给予免费游十八洞村和半价游周边景区的优惠，2016 年已销售 4160 棵桃树采摘权，贫困户直接获益 170 余万元；四是订单旅游商品模式，十八洞村苗绣历史悠久，村里留守妇女多，手工技艺高超，村委会结合实际，成立苗绣专业合作社，开发苗绣产业，37 户贫困户 53 名留守妇女与四家苗绣公司签订订单协议，由公司统一销售，入社贫困户户均年增收可达万元以上。

（三）勇于创新、自我脱贫的精神力量

十八洞村通过组织外出参观、培训学习等形式激发村民的创新意识，帮助村民在淘宝网注册电商平台，将村里的苗族织锦、苗绣屏风、苗族蜡染、苗家腊肉等特色旅游产品进行网上销售，并成立了专业合作社，引导村民抱团脱贫。制定《十八洞村精准识别贫困户工作办法》，按照户主申请→投票识别→三级初审→公告公示→乡镇审核→县级审批→入户登记七道程序，精准识贫、不落一人。实行思想道德星级化管理，把评定权交给群众，让村民相互评分，公开接受群众监督，形成了乡村旅游业依法经营、公平竞争、诚实守信、优质服务的良好氛围。发挥乡风文明创建的引领作用，围绕遵纪守法、助人为乐、团结互助等内容，先后开展了道德讲堂、科普宣传周、先进事迹报告会等活动十余次，村民的道德素质得到了提升。干部带头干，让贫困群众的心也热了起来，施进兰等三位致富能人放弃外地高薪工作，回村担任村主要干部，带领乡亲们旅游致富。村民共同制定了《十八洞村村规民约》，以“三字经”、苗歌、三句半等喜闻乐见的形式广泛宣传，

使其成为乡村旅游业发展的行为规范，进而总结和提炼出投入有限、民力无穷、自力更生、建设家园的“十八洞精神”。

二、复合型乡村旅游扶贫：金龙村“变形记”

（一）悬崖苗寨·金龙蝶变

金龙村位于花垣县东南部，地处高山熔岩区，平均海拔 900 米以上，年平均气温 13.2℃，年降水量不足 1000 毫米。全村面积 6.53 平方公里，其中耕地面积 1200 亩。金龙村辖 4 个自然村寨 9 个村民小组，共 149 户 643 人，除少数外地嫁入本村的妇女，其余均为苗族人口。2012 年村民人均纯收入 1820 元，属于国定贫困村，村集体经济为零。尽管金龙村生产生活条件艰苦，脱贫致富的难度比较大，但也具有一定的发展潜力和优势。据村支书龙子彬介绍，金龙村的旅游扶贫有两宝：一个是该村所在悬崖对面的那座“神山”，此山天然长成仰卧式人形，尤以头部形象逼真，额阔、眉突、鼻高、颚翘，当地苗族群众视这座山为祖先安葬之处（苗语方言译为阿爷倒下的地方）[①]；另一个则是村里一年一度的“樱桃会”，原生态苗族文化风情浓厚，吸引了一批批摄影爱好者和自驾游者休闲观光，有发展特色乡村休闲体验旅游的潜力。

如今的金龙村藏在深山，声名远扬。山高壁陡，云遮雾绕；苗寨鳞萃，秘境霞光。排家寨、金蛤蟆寨、上金龙寨、下金龙寨四个自然寨依偎群山，森林、流泉、飞瀑、洞穴相随，漫山遍野的野生樱桃树在风中摇曳，雄伟的蚩尤大峡谷从村下蜿蜒而过，远远望去，宛如一条金龙盘旋在云雾之中。金龙村的“破茧成蝶”源于大湘西乡村旅游精准扶贫示范村建设和美丽乡村贫困村联点建设。2013 年，中共湖南省委组织部、省委老干部局的扶贫工作队驻村帮扶，先后筹资 1200 多万元，修建了通村公路、观光栈道、服务中心等基础设施，重点实施乡村旅游扶贫。平坦的水泥道路通到了苗寨，青石板路修到了每家门口，民居、厕所不断改造，饮水、排涝工程更加完善。现在村里游客越来越多，仅 2014 年，金龙村就吸引了约 2 万名游客，2015 年该村成功地甩掉了贫困帽。

（二）复合型乡村旅游扶贫

抓住新时期脱贫攻坚的历史机遇，走农村发展（美丽乡村）、农业转型（产村

① 对于这一说法，作者查阅了相关史料予以考证。三苗部落联盟的成员欢兜族人，在当地留下过不少遗迹。据明万历年《慈利县志》记载，“欢兜墓在崇山，舜放欢兜于此，死后，遂葬山上。”在苗族聚居的湘西花垣县，也有崇山，明代曾设崇山卫于此。在湘西苗族中有一支系的苗姓为“仡欢”，他们更是直接奉欢兜为自己的祖先。鉴于此，作者推断金龙村悬崖对面酷似人形的山脉应该不是蚩尤战败后的葬身之地，但极有可能与传说时代苗族先民的活动有关。

融合）、农民脱贫（精准扶贫）的复合式发展道路，是民族地区顺应现代乡村旅游新趋势、创新旅游扶贫的关键。为全面推进大湘西点、线、面旅游扶贫工作战略，促进旅游扶贫质量和效益的整体提升，金龙村在乡村旅游扶贫开发的实践中大胆尝试，探索出了政府、开发商、群众三赢的文旅农并驱，政府-市场-社会互动，经济效益、社会效益、生态效益结合的复合型乡村旅游扶贫模式（图 3-1）。

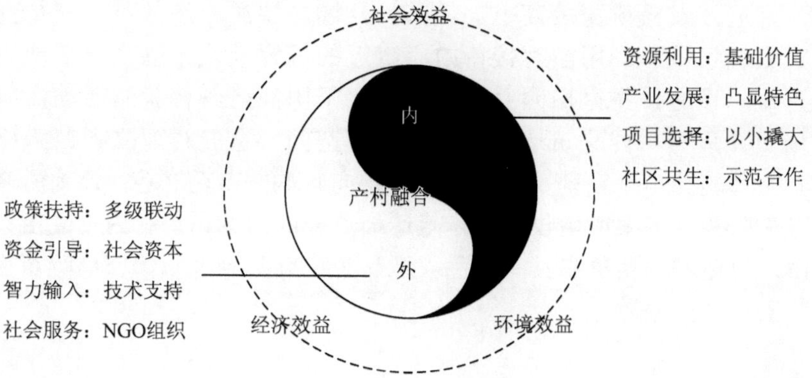

图 3-1　复合型乡村旅游扶贫模式

1. 统筹规划

金龙村旅游扶贫工作的总体目标是：以落小、落细、落实为要求，以构建一个旅游品牌、策划一批实效项目、提出一套建设基准、确定一种运营机制、做好一次营销推广的“五个一”为着力点，通过形成长线影响、吸纳社会资本、满足主客需求、集聚旅游人气，推动村民脱贫致富、产业持续增效、生态保护传承及整村和谐发展。金龙村旅游空间布局遵循村寨辐射、全域景观、立体扩容、点线连片的系统理念，结合“金面牛角”的地理分布特征，打造出一道三区的格局，具体包括金龙苗寨樱花绿道、幸福苗家风情体验区、浪漫樱花山地休闲区、诗画峡谷生态观光区。

金龙村对旅游市场的客群和业态定位精准。从近期来看，该村将客群定位在本地游客，重点以本地自驾游人群为主。客源地主要为花垣县、吉首市等自驾游居民，重点发展农家乐食宿、民俗表演、樱桃采摘等业态；从中期来看，做大周边县市旅游市场，以怀化、铜仁、重庆等周边城市、临县自驾游客为主，重点发展户外露营、乡村儿童乐园、地质观光等业态；从远期来看，随着交通改善、产品完善、知名度增加，吸引大湘西区域内知名景区，如矮寨奇观、凤凰古城等分流游客，同时吸引远距离城市的小众游客停留，重点发展国际驿站、国内外赛事、低空飞行体验、房车营地、乡土研学等业态。

2. 挖潜增效

一是打造最美丽的悬崖苗寨。金龙村发挥悬崖景观优势，用山水生态环境与人文景观吸引游客，构建了以排家寨为中心、上下金龙寨为主体，集食宿接待、文化体验、休闲娱乐等多功能于一体的苗族风情旅游集群。二是修造最漂亮的樱桃园。依托樱桃会品牌，扩大樱桃园规模，通过提升园内景观，添设休憩设施，延展开发樱桃酱等高附加值产品，增加旅游经济效益。三是营造最畅快的苗寨农趣氛围。利用游客接待中心附近的闲置地块，以乡土活动为导向，新建儿童娱乐设施，举办田园农事活动与亲子田间野趣体验游活动，如插秧、收割、稻田抓鱼等。四是筑造最天然的养生空间。金龙村建立了苗药特色种植基地和养生体验店——苗药草庐，发展可定向收购的苗药产业，还为游客提供了网购邮寄等服务，多渠道增收。五是建造最质朴的博物馆。村内设立苗寨民族文化博物馆，对苗服、苗家农具、特色收藏品等进行陈列展示，开展听苗史、织苗服、学苗语互动体验游。

3. 创新机制

（1）政府顶层引导与社会资本参与相结合的运营机制。一方面该村注重积极争取政府对乡村旅游扶贫的支持，助力旅游业良性发展；另一方面该村注重渠道资源的外部推动，利用“互联网＋农业众筹”模式带动土特产品销售。对于山村的特产干货，为便于长途物流运输，使用特制的包装。该村还设立了“聚划算”微信网店，发动村民按要求提供原品，由村里统一包装销售，在村内设立快递点，每周提供入户上门收发快递服务。对于即将上市的土特产品，采取预售的方式提前销售，大大增强了村民的销售信心。

（2）经济收益反哺下的传统村落人文风貌延续性保护机制。金龙村发展乡村旅游业的同时，特别强调人文景观的保护，追求将历史价值和艺术价值转化为社会价值与市场价值，这为古村寨建筑文化的保护提供了经济支持和综合保障。为了还原古建筑原貌并保留历史痕迹，该村秉承修旧如旧的原则，尽量不破坏原布局、原构件，保持其完整风貌，大部分修复手段为纯手工修复。

（3）以质量为导向的景区旅游服务管理机制。金龙村通过学、看、读、说、比、奖“六字诀”方式，促进了旅游经营者服务水平的提升。“学”是指定期参加服务技能培训；“看”是指向周边优秀的农家乐学习经验；“读”是指读金龙苗寨旅游服务指南；“说”是指能教游客说苗语，自己能讲普通话；“比”是指组织服务技能模拟比赛等活动，重点推广优胜者；“奖”是指对经营服务水平暗访评比，对优秀经营户给予现金及其他奖励。

（4）旅游产业引导下的乡村社区共建机制。金龙村在乡村旅游扶贫过程中有效发挥村民自治和多元主体参与的作用，强调旅游扶贫不能只重视物质因素的投入，还要关注人的主体性、参与性和能动性。该村编制了《村落旅游发展引导手册》，指导农家乐规范经营，鼓励村民自觉参加村容整治、垃圾储运等公益性事业，引导村民由传统的玉米、杂粮种植向无公害蔬菜瓜果种植转变，提供放心菜等。

（5）“互联网 + 旅游扶贫”的立体营销机制。金龙村扩大了樱桃会等旅游产品的品牌效应，线上与“聚划算”等互联网平台合作，举办旅游扶贫爱心众筹活动，鼓励游客承包认领樱桃树，由金龙村颁发承包证及荣誉寨民证书；线下延伸开展天外飞信风筝会、云中金龙随手拍、千人自驾千人宴等活动，强化个体旅游体验的宣传推广，促进良好口碑快速传播。

第四节　民族地区旅游扶贫的优化路径

一、整合生态文化资源，开发特色旅游项目，找准民族地区旅游扶贫的切入点

（1）摸清“家底”，筛选优质旅游资源，促进生态文化旅游融合发展，以提高贫困群众收入。虽然我国民族地区悠久的历史和丰富的民族文化都较好地保存了下来，但在全国历史文化名城中民族地区仅占总数 62 座中的 7 座，仅占 11.3%。全国重点文物保护单位有 242 处，民族地区只有 40 处，仅占 16.5%。究其原因是管理部门职责交叉重叠、责任边界模糊，使旅游资源没有得到有效的整合，各地之间的旅游产品差异性也不明显，一些地方存在的不良竞争现象也影响了旅游业的整体发展。因此，要在旅游部门、扶贫部门的牵头下，对旅游资源进行全面普查和科学分类，达到文化生态资源综合协调利用的目的。

（2）在“特”字上做文章，在“精”字上下功夫，实施特色旅游扶贫和旅游精准扶贫。民族地区差异较大，旅游扶贫不能一刀切，要结合生态环境、区位特点和文化底蕴，以城市近郊、景区周边、山水牧区和传统农区为重点，在农家乐、民俗村、休闲农庄的基础上，创新推出特色各异的旅游项目。针对有框架、无内容、游客“白天逛庙，晚上睡觉”的情况，改变景区门票经济扶贫模式，深挖高原文化、草原文化、沙漠文化等文化内涵，将民族文化植入旅游开发之中，塑造旅游文化灵魂。旅游扶贫要精准，就必须改变重“面”轻“点”、遍地撒网的倾向，把握少数民族贫困人口的自身特点，使之与旅游的具体业态精准匹配，让每个贫困户在旅游产业链的某个环节中得以精准就业或精准创业。

（3）坚持开发保护并举，促进民族文化产业与脱贫攻坚同频共振。民族地区

旅游资源丰富，但生态脆弱，旅游扶贫必须坚持边开发边保护。通过完善立法，加大对景区生态环境的保护力度，守住生态资源消耗上线、环境质量底线和生态保护红线。深入实施天然林资源保护、退耕还林还草、石漠化综合治理等重点生态工程建设，落实生态补偿机制，以生态扶贫助推旅游扶贫。加大植树造林、山水保护、生态修复，对景区景点、公路沿线、民族村寨定期开展环境综合整治，健全生态环境损害责任追究制度，强化环保督查问责。树立正确的文化保护观念，对民族文化的本真性要注重原生态展现，鼓励当地少数民族群众研习与传承民族文化，防止文化因旅游开发而被破坏，杜绝张冠李戴、生搬硬套甚至胡编乱造的虚假文化及旅游产品。

二、加大基础设施建设，提高旅游公共服务能力，寻求民族地区旅游扶贫的支撑点

（1）构建“快进”“慢游”的综合旅游交通网络，突破旅游扶贫的交通瓶颈。一方面，鉴于民族地区旅长游短的局限，有必要将高铁、城市铁路、民用航空、高速公路等“快进”交通网络向少数民族贫困地区延伸，提高旅游目的地的通达性与便捷性，建立健全旅游景区交通集散体系，将民族地区点状分布的旅游景区最大限度地聚合，以国省道为主、以县乡道为辅，加快干线公路与景区公路连接线及其毗邻区域景区之间公路的建设，在有条件的地方形成旅游环线，做好自驾线路、房车营地与交通干线之间联通公路的建设等；另一方面，建设满足旅游体验的“慢游”交通网络，重点支持通往少数民族特色村寨、风情小镇等旅游景点的乡村旅游公路建设，结合沿线景观风貌，打造具有游憩、健身、文化等复合功能的主题线路，并根据需求增设自行车道、步道等设施及游船、观光车等高收益交通设施。

（2）加大资金投入，改善旅游服务设施。民族地区要拓宽旅游扶贫的融资渠道，鼓励各类企业、社会组织和个体工商户，采取独资、合资、承包、租赁等多种方式参与旅游扶贫开发项目和景区的基础设施建设，逐步完善酒店、游客服务中心、旅游购物场所、医疗救护室等硬件设施设备。要以农家乐、客栈、民宿为重点，加快实施民族地区乡村旅游标准化建设，特别是要创新商业化运作方式，推动农厕改造升级，促进旅游厕所由卫生服务、公共免费服务模式向收益型、统一监控型、连锁持续经营型的生态驿站、旅游驿站转化。在村域范围内配备垃圾投放点和卫生排污系统，对环境污染进行专门的监管和治理。加强江排、渡船、桥梁、码头、索道等景区设施及徒步、骑行等旅游沿途公共服务设施的修建与维护。

（3）加强旅游公共信息平台建设。随着宽带互联、移动互联、物联网等技

术的日益成熟和大数据时代的来临，信息化对民族地区旅游扶贫的影响更加深入。为此，要加快偏远民族地区农村宽带网络的改造升级，推进旅游区域及重点旅游线路的无线网络设施全覆盖。要以智慧旅游和旅游大数据中心建设为切入点，推动旅游信息互动终端设备体系建设。在民族地区的车站、码头、宾馆等主要旅游场所提供个人计算机（personal computer，PC）、平板电脑、SOS电话等互动终端，使游客更方便地接入和使用旅游信息服务网络。另外还应加强乡村旅游人流集中区域的视频监控，将旅游服务、客流疏导、安全监管纳入互联网范畴。

三、创新旅游扶贫治理结构，建立合作共治机制，抓住民族地区旅游扶贫的突破点

首先，制定具有科学性和可操作性的旅游扶贫规划、方案，赋予贫困户知情权、参与权、实施权和管理权，引导贫困群众参与旅游扶贫，实现利益共享。对因资金困难等客观条件限制而难以参与到旅游一线接待中的贫困户，要通过多种形式予以支持，如技术培训、专家指导等。在用地、贷款等方面，运用政策和财政手段落实旅游扶贫措施，吸引企业进入乡村旅游扶贫领域，提高资金使用的效率和质量。旅游扶贫开发与一般意义上的旅游开发不同，政府除提供必要的扶助，还应在立项、规划、实施和经营等环节加强监管，制止违法经营活动，为民族地区创造良好的旅游市场环境，维护旅游扶贫开发的安全。

其次，充分发挥市场在资源配置中的决定性作用，以旅游供给侧改革为驱动，建立以市场为主体的多渠道筹资机制。民族地区要积极向国家争取扶贫款、发展资金、少数民族温饱基金、贴息贷款及以工代赈等外援性资源来发展旅游。采用公共物品的私人供给模式，吸引社会资本进入乡村旅游市场。通过分期回购、优惠的土地价格出让、特许经营权授予等方式，返还投资商在基础设施中的投入，以筹得更多的旅游扶贫开发资金。支持贫困地区创办乡村旅游合作社，探索“公司＋合作社＋贫困户”模式，建立紧密的利益联结机制，让贫困群众以资源、扶贫资金等形式入股，并从中获得稳定的收益。同时创新金融工具，发行旅游建设债券、旅游企业债券等，拓宽旅游扶贫筹资渠道。

最后，激活社会协同治理功能，提高旅游扶贫参与度。社区是旅游扶贫的主阵地，要发挥村支两委的引领作用，搭建便捷有效的沟通渠道，帮助向上传送群众意见，协调化解因旅游开发引起的各种利益纠纷。毋庸置疑，少数民族致富能手、创业精英在旅游村寨中具有很强的示范带头作用，因此要激发他们参与旅游扶贫和乡村公益事业的积极性，带动更多贫困户脱贫致富。当前应重

点吸纳建档立卡贫困户发展包括民宿、农家乐等在内的乡村旅游，使其直接或间接分享旅游红利。依托社区建立乡村旅游专业合作社，将个体经济单薄和知识能力不足的贫困户组织起来，筹集更多的旅游发展资金。采取“旅游＋众筹”的方式帮助贫困群众在发展旅游的同时增收、创收。结合乡村旅游创客行动计划，鼓励旅游志愿者、科技和文化工作者驻村帮扶、创业发展，形成共同推动旅游扶贫的社会合力。

第四章　民族地区电商扶贫：方法与策略

民族地区大力推进电商扶贫，有助于充分利用现代互联网技术，促进少数民族农特产品和特色产业与电子商务及其物流体系有机对接，增加少数民族群众收入，打赢民族地区脱贫攻坚战。农村信息化的发展，给民族地区脱贫奔小康带来了机遇与挑战，也使创新“互联网＋扶贫”的精准扶贫模式成为可能。当前民族地区电商扶贫仍然存在诸多制约瓶颈，亟待创新方法手段，切实提高电商带动脱贫致富的效果，走出一条适合我国民族地区发展特点的电商扶贫之路。

第一节　民族地区电商扶贫的概念、特点及意义

一、民族地区电商扶贫的概念

中国社会科学院信息化研究中心汪向东指出，电商扶贫即电子商务扶贫开发，是将互联网时代日益主流化的电子商务产业发展模式嵌入贫困治理体系，影响和作用于帮扶对象，创新扶贫开发的方式与方法，提升精准扶贫绩效的新理念和新实践。曲天军认为，电商扶贫是将互联网与政府扶贫开发工作体系有机结合，通过一户带多户、一店带多村的精准扶贫机制，注重农产品的线上销售，推动城乡市场对接，拉动贫困户就业增收，促进城乡经济社会协调发展和互利共赢的一种有效模式。张瑞东等则认为，电商扶贫是通过建设互联网基础设施，培育电商生态与意识，建立本地化的电商服务体系，促进贫困群体运用互联网手段开展创新创业，最终改变传统生产生活方式，实现增收与减贫目标的过程。

综观学界关于电商扶贫概念的界定，本书认为其核心内涵包括四个维度：第一，从主体上看，电商扶贫是有效整合政府、社会各部门、企业和贫困个体等多元主体共同参与互联网电子商务平台运作，化被动为主动、变劣势为优势，以电子商务为手段增加贫困群体收入的一项创新开发型扶贫模式；第二，从方式上看，电商扶贫是利用互联网技术搭建起实现在线双向互动交易的电子商务平台，电商平台为贫困地区的产品构建了畅达的网络销售渠道，并以电子商务的形式链接贫困地区产品与消费者需求，高效率地匹配产品供需关系，带动贫困地区优势行业产业化、规模化、标准化发展，电商平台又促进了贫困地区与

外界市场的联系，贫困群体通过网上购买生产生活物资，满足了自身发展需要；第三，从内容上看，电商扶贫依托的是贫困地区的优势产业，其电商交易的产品通常具有生态、人文、地域等鲜明特色；第四，从效果上看，电商平台疏通了政府各部门及政府与社会各界之间的沟通渠道，为因地制宜、因户施策的精准化帮扶创造了条件。

民族地区电商扶贫是指以政府为主导，社会各部门、企业、贫困户或贫困个体为参与主体，依托现代互联网技术，通过线上对线下（online to offline，O2O）、顾客对消费者（customer to consumer，C2C）、企业对顾客（business to customer，B2C）、企业对企业（business to business，B2B）等电子商务平台，为民族地区群众提供商品价格和供求信息服务，帮助其网购价廉质优的生产资料以及网售当地农特产品，以降低交易成本，促进贫困群体增收，推动民族地区相关产业发展，带动周边群众生产致富，提高脱贫成效的一种新的精准扶贫模式。在民族地区广泛推广"互联网+扶贫"的模式，使传统农业生产经营方式由分散型转变为规模型、集约型、精准型和智能型，为民族地区彻底摆脱贫困创造了绝佳机遇。

二、民族地区电商扶贫的特点

（一）市场导向性

由于地理、交通等因素制约，民族地区的许多传统产业受限于本地市场，少数民族群众脱贫致富门路少、产品销路窄、生产经营收益低。对偏远民族地区来说，电商的发展有助于克服不利条件，使民族地区自身优势转化为经济发展优势。通过电商规模化发展，可以将全国的消费市场与民族地区的生产、制造、销售对接起来，及时满足市场需求。少数民族群众借助电商平台了解客户需求，把握市场变化，生产适销对路的农副产品，同时通过互联网学习先进的种养殖技术，提高产品和服务质量，增加产品的附加值。从这个意义上说，电商扶贫促进了民族地区从依赖资金扶持向以市场为导向，激发内生动力，提高市场竞争力的精准扶贫转变。

（二）双向互促性

过去民族地区的扶贫开发往往局限在对当地资源的利用上，而电商扶贫则突破了这种资源限制，破解了偏远民族地区"买难卖难"的问题，实现了"工业品下乡"与"农产品进城"的双向互动目标。电商扶贫从产品的生产、物流、营销等各个环节中挖掘有利因素，促进跨地域资源平衡，有利于形成"买全国、卖全国”的统一市场格局，使民族地区精准扶贫在聚力和借力中得以深化：一方面，电子商务给少数民族群众带来了大量的信息、物资、资本、技术，开拓了他们的视野，丰富了他们的生活，增强了他们的致富本领；另一方面，电子商务在促进民族地区精准脱贫的同时，适应了人们生活消费方式的变化，满足了其他地区生产生活需要，实现了民族地区与非民族地区的双向互促。

（三）上下联动性

民族地区发展电子商务将线上与线下产业扶贫有机结合，线上销售的销路快、需求量大等特点倒逼线下生产向规模化、品质化转变，带动实体经济做大做强及特色产业链的形成，促进民族地区产业结构调整和经济转型升级；线下产业的发展壮大又为线上销售与品牌形象树立提供了稳定的货源保障和质量支撑。电商扶贫规避了民族地区地理区位不佳和交通不便的发展劣势，通过推动线上抓商机、线下促转型，建立上下联动的精准扶贫机制，使少数民族群众依托电商平台持续增收，为民族地区推进供给侧结构性改革提供了新动能。

（四）协同跨越性

很多贫困地区经济欠发达的一个重要原因是没有赶上工业化的“班车”，但这些贫困地区却因祸得福，留下了一方清山秀水的好环境。在许多深受工业过度开发以致环境污染折磨的人眼里，这些净土本身就成了稀缺资源。电商扶贫释放了民族地区的潜在后发优势，带动了生态产业的发展，将原本相对封闭的民族特色产业推向国内国际市场。电商市场的打开吸引了更多少数民族青年、返乡农民工、贫困群众就业创业，从而提高了他们的经济收入和生活水平，缩小了西部民族地区与东部发达地区的差距，为实现跨越式发展和同步小康创造了条件。

三、民族地区电商扶贫的重要意义

（一）推动民族地区与非民族地区、城市与农村之间资源共享与交换，实现贫困治理体系和治理能力现代化

中共十八届三中全会明确提出，要推进城乡要素平等交换和公共资源均衡配置，健全城乡发展一体化体制机制。电子商务使传统概念中的空间鸿沟成为零距离，少数民族群众只需轻点鼠标，就能得到与其他地区一样的信息资源和产品市场。我国民族地区生态资源丰富，农、林、牧、副、渔等产业具有独特优势，但

由于交通和信息闭塞，民族地区农特产品难以向外销出，贫困群众增收困难，常常陷入“抱着金饭碗讨饭”的窘境。民族地区发展电商，不仅可以突破地理空间上的阻隔，将民族地区农特产品通过电商售出，还可以在一系列优惠政策的支持下，使少数民族群众通过电商购买到各种生产资料，增强生产发展的能力。电商扶贫激活了民族地区的传统优势，有助于汇聚政府部门、电商平台、中小电商企业、物流公司、社会组织等资源合力共促扶贫脱贫。双向互动式的电商扶贫模式通过互联网将不同区域的市场紧密连接，使民族地区的自身优势与发达地区的人才、技术、资金等优势互补，有利于解决民族地区资源使用受限及经济发展低效的问题。

（二）推动形成民族地区特色产业链，助力传统产业转型升级，实现贫困治理过程精细化

民族地区传统经济主要依赖资源型产业，即便是特色产业，也主要建立在资源消耗的基础上。电子商务的发展壮大，不仅可以使少数民族群众通过网售农副产品增加收入，还可以带动民族地区现代生态农业、手工业、电信、物流、网店服务，以及餐饮、住宿、旅游等相关产业的发展。同时，经济的新常态倒逼民族地区产业转型升级，短时期内的产能过剩和淘汰落后产能过程中的减员、分流、待岗等，也会造成部分少数民族家庭经济困难。以电商为枢纽，拉长民族地区特色产业链，可以吸纳产业结构调整中的大量剩余劳动力，为当地贫困农户和返乡群众提供更多的就业、创业机会。电商扶贫引导电商龙头企业、网商经纪人、能人大户、专业合作社及贫困户等共同构建面向电子商务的产业链，吸引和促进贫困户参与其中，实现了充分就业和收益共享。所以，电商扶贫不能简单理解为只是帮助贫困群众网销产品，而应将其置于产业结构调整、经济转型、精准扶贫精准脱贫的全局性、战略性层面予以重视，大力推进。

（三）推动民族地区从单向“输血式”扶贫，向提升内生驱动的“造血式”扶贫转变，实现贫困治理方式精准化

与以往相比，当今互联网时代的扶贫开发有一个最大的不同，即信息网络技术和电子商务带来的新变革。尽管偏远民族地区已错过了工业化的“班车”，但其完全可以通过搭上信息化的“直通车”，运用电子商务助力精准扶贫。民族地区精准扶贫不能仅依赖政府单向资金投入，还要着力帮助少数民族群众提高脱贫致富的能力，推动由被动的“输血式”扶贫向主动的“造血式”扶贫转变。从当前民

族地区的扶贫方式看，其仍以基础设施改善、产业开发、教育投入、生态补偿和社会保障兜底等政府财政扶贫为主。不难看出，这些措施在发挥市场功能方面明显欠缺，而电商扶贫强调以市场为导向、以平等交易为手段、以绩效为靶心，帮助偏远民族村寨打开市场大门，给少数民族群众提供了广阔的发展空间，这种既注重扶贫又以市场和绩效为核心的特质，更加契合扶贫开发的出发点，且有利于精准扶贫政策的落地见效。

第二节 民族地区电商扶贫的实现方式

一、农村淘宝扶贫

2014 年 10 月，阿里巴巴集团发布了“千县万村计划”，提出服务农民、创新农业、让农村变美好的目标，计划三至五年内，拿出 100 亿元投入 1000 个县的 10 万个行政村，用于普及村民对电子商务的认知，突破信息和物流的瓶颈，解决农村买难卖难问题。围绕该计划，阿里巴巴和各地政府合作，推出了农村淘宝新模式，即通过 O2O 的方式，在县城建立县级电子商务运营中心，在农村建立村级服务站，构筑县、村两级农村电子商务服务体系：一方面打通工业品下乡的信息和物流通道；另一方面拓宽农产品进城的渠道。农村淘宝已成为目前电商扶贫的主流实现形式，包括少数民族贫困地区在内的广大农村都在其业务的辐射范围内。

如图 4-1 所示，农村淘宝按照上行和下行两个向度形成了基本运行流程。以某村民网售脐橙为例，他告知村里的农村淘宝店所出售脐橙的数量、价格和品质，农村淘宝店就会派人上门免费拍照，并与他商议好出售价格，将脐橙的信息陈列至网上货架。村民得到网络订单后，按照物流要求打包发件。当买家确认收货后，村民就可以得到货款。农村淘宝店还会根据农产品实际销量变化及时修改相关信息，直至农产品下市。以村民网购商品为例，他到农村淘宝店中自行挑选并确定所需商品，由店主替他在网上下单并填写好快递地址，而货款由农村淘宝店先行垫付，村民收到商品确认无误后，再支付货款给农村淘宝店。通过农村淘宝的运行流程，可以发现，电商上行的精准扶贫功能与下行扩大内需的市场功能正在有机整合，电商平台的支撑与政府的支持正在形成合力，共同激发和扶持电商市场的生成，从而在较短的时间内开创电商扶贫的新局面。在江西赣南、贵州铜仁、甘肃陇南等老少边穷地区，随着农村淘宝项目的落地，当地电商生态开始孕育发展，物美价廉的消费品进入了乡村，品质优良的农村土特产品也开始走出大山。

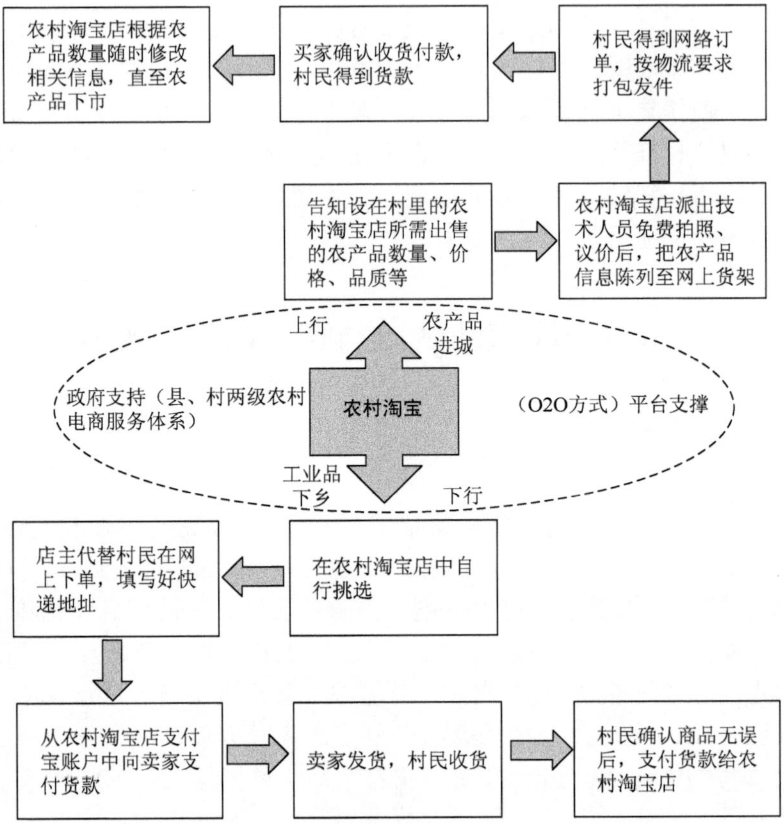

图 4-1　农村淘宝运行的基本流程图

在我国的一些民族地区，不仅存在交通、数字上的鸿沟，而且存在一定的语言交流障碍。这些地方农产品的特性使个体农户不具备多季节、多种类的生产能力，因此很难使每一家农户都成为直接对接互联网大市场的主体。为此，有的地方创新农村淘宝运行模式，通过依托线上平台成立公司，在线下组建合作社，以“贫困户 + 合作社 + 淘宝点”的方式，带动贫困群众参与电商扶贫。这种模式运行的特点是：以贫困户为主体，将分散弱势的贫困户以合作社的形式纳入电商服务体系，合作社与线上平台公司合作，在农产品信息收集和销售、乡村旅游产品策划、电商培训、村民网上代购等方面提供定向服务。

2011 年，新疆喀什的 4 位援疆青年认识了维吾尔族小伙阿穆。通过电子商务帮助维吾尔族农户把优质的农产品卖出去，卖上好价钱，提高他们的收入，这个共同目标促使他们走到了一起。于是，他们组织农户成立了维吉达尼（维吾尔语：良心）农民专业合作社，通过电商平台将新疆农特产品销往全国各地。合作社不断提高农户技术水平，并且保证农产品的质量。在签订购销合同时，合作社的收购价比市场价高出5～7元，从而保障了农户的收益。通过加入合作社，当地维吾尔族农户的收入大幅提高，其中一户2014年的杏干销售额就达4.8万元。目前，维吉达尼在喀什、吐鲁番、深圳都建立了电商运营团队，30多个收购点遍布新疆各地，覆盖了2000多户农户，其2013年的销售额已超过1000万元，其中近一半是依托农村淘宝平台完成的。

二、京东立体扶贫

2016年1月，国务院扶贫办与国内最大自营式电商企业京东集团签署了《电商精准扶贫战略合作框架协议》。京东发挥自身平台优势，通过产业扶贫、金融扶贫、创业扶贫、招工扶贫，打造出“四位一体”电商立体扶贫体系。与农村淘宝不同，京东立体扶贫更加注重打通农产品进城的上行通道。

在产业扶贫方面，京东立足“一村一品一店”模式，为贫困地区开辟线上中国特产频道、地方特色馆，使地域性农产品方便快捷地对接全国市场。除了帮贫困户将农产品卖出去，京东还致力于变传统小农生产为集约化、机械化生产，变无品牌的非标品为有品牌溢价的名优特产，变生鲜品为既是生鲜品又是高附加值的加工品，以此助力产业转型升级。例如，京东“跑步鸡”扶贫项目[①]的意义在于帮助贫困户通过电商增加收入的同时，鼓励他们发展生态农业，树立品牌意识，尤其是在农副产品质量标准体系和可追溯体系建设方面下功夫。在金融扶贫方面，京东依托自身金融平台，通过养殖资金免息贷款等方式，提升贫困户自我脱贫的能力。在创业扶贫方面，京东组织建档立卡贫困人员开展电商知识培训，支持贫困地区实施电商创业。在招工扶贫方面，利用自营物流平台面向贫困家庭定向招收劳动力，提供相当数量的正式用工岗位，帮助实现一人就业、全家脱贫的目标。

丹寨县隶属黔东南苗族侗族自治州（简称黔东南州），是国家级贫困县，当地仍有3万多贫困人口。2016年3月，京东与丹寨县签约启动了“电商扶贫西南第一县”项目，开始探索民族地区电商精准扶贫新模式。该项目主要包括：组织开展专题培训，提高少数民族群众电商技能；建立多条通村物流专线，保障农特产品顺利售出；对口帮扶和指导偏远村寨排调镇高峰村酸笋品牌的资质认证和标准化生产；网上开设丹寨特产馆，主推蜡染、苗绣等手工艺产品和茅台蓝莓酒、丹寨韭菜根、野山菌等，促进了农产品上行。京东丹寨特色馆开馆以来，实现销售额60余万元，带动了10多个贫困村的150多户贫困户年均增收1000元以上。

① 京东给每个对口帮扶的贫困户发放鸡苗和饲料，并给予散养柴鸡的专业技术指导，同时在每只鸡的脚上都装有计步器进行监督，要求每只鸡必须跑足一百万步以上，经严格的检验检疫达标后，京东以三倍的价格回购。

三、邮政“五个不出村”扶贫

自2014年开展农村电商业务以来，中国邮政集团公司摸索出了一套独特的电商扶贫模式，即线上基于邮乐网和邮掌柜系统，线下依托邮政农村窗口资源、农村邮乐店等实体渠道，打造一个集网络代购、平台批销、农产品进城、公共服务、普惠金融于一体的农村邮政电子商务服务体系，为农民提供购物不出村、销售不出村、生活不出村、金融不出村、创业不出村的“五个不出村”服务。

以中国邮政集团公司西藏自治区分公司为例，中国邮政集团公司山南市分公司大力推广邮掌柜系统，叠加了多项邮政业务，除商品代购批发和各类邮政服务，不断拓展多种便民缴费业务（代收通信费、代购彩票、代理车险等）。该公司以助农取款机、POS（point of sales）机等设备的布放为切入点，开办便民金融服务，打造综合便民服务平台。通过邮掌柜系统，加大与苏宁易购的线下合作，极大地方便了农牧区群众的日常生活；中国邮政集团公司日喀则市岗巴县分公司围绕“一羊一水一景”（岗巴羊产业、矿泉水产业、曲登尼玛风景旅游产业），全力推进电商服务“三农”工作，重点打造邮掌柜连锁电商超市，有效解决了农牧民的农产品销售难问题；中国邮政集团公司林芝市察隅县分公司则深入生产作业现场，选择原生态藏米、三色米、龙爪稷、苦荞茶等农特产品，作为邮政农村电商服务站第一批上线产品，为“西藏江南”特色农产品走出雪域高原销往其他地区搭建了平台。截至2016年9月，中国邮政集团公司西藏自治区分公司已在全自治区各地市的多个邮政营业网点、便民服务站、超市、旅游景点等地建立了邮乐购、邮掌柜、邮乐网、天上西藏E邮等网上购销系统，县、乡、村三级农村电商物流配送体系逐步完善。

相比阿里巴巴、京东等电商企业，中国邮政集团公司的农村电商业务在站点数量和交易金额方面占有明显的优势，其初步建成了工业品下乡、农产品进城的双向通道，为电商扶贫的有效开展奠定了基础。

四、网上供销合作社扶贫

全国供销合作社系统在承载原有农村影响力的基础之上，充分发挥“供销e家”全国平台的辐射作用，以区域性电商平台为支撑，通过建立农民合作社在电商扶贫中的利益联结，构建网上供销合作社电商扶贫协作体系，逐步形成了“供销e家全国电商平台+区域电商平台+农民合作社+建档立卡贫困户”的电商扶贫模式。

贵州省松桃苗族自治县（简称松桃县）是全国最早成立的五个苗族自治县之一，位于武陵山脉主峰梵净山东麓，是一个集革命老区、少数民族地区于一体的国家级贫困县。松桃县也是贵州省供销合作社综合改革试点县。该县成立了由供销合作社代管的贵州松桃惠民农业产业扶贫开发有限公司，通过“供销合作社＋股金社＋专业合作社＋技术服务中心”的模式，将全县龙头企业、专业合作社、家庭农场、种养大户、经济合作组织、贫困户等有机联合起来。贫困户以土地、林地、扶贫资金等有效资产参与经营，获得土地流转、劳务服务、产业经营、入股分红、政府贴息等收入。

目前，我国供销合作社系统有2万多家涉农企业、15万家专业合作社、35万家综合服务社及100多万个经营服务网点，线下实体资源丰富。特别是供销合作社长期扎根农村、了解农民、熟悉农村市场，有相对完整的组织体系与经营服务网络，形成了农民信赖的服务品牌。供销合作社正进一步发挥自身优势，通过加强与邮政、京东等平台的互补合作，使老供销焕发新活力，更好地助推电商精准扶贫。

第三节　民族地区电商扶贫的实践探索
——来自“黔货出山”的黔东南样本①

一、穷则变·变则通·通则达：大山挡不住“黔货”要“出山”

贵州历来有“八山一水一分田”之说，92.5%的面积为山地和丘陵，是全国唯一没有平原的省份，农业生产发展受到土地资源的刚性制约，导致其贫困面广、程度深。截至2016年底，全省仍有农村贫困人口372.2万人，其中大多居住在深山区、石山区、少数民族聚居区和革命老区。贵州广阔的山地环境也孕育出了极为丰富的物产和资源，但崇山峻岭阻挡了“黔货出山”的道路，当地群众脱贫致富奔小康之路步履维艰。

大数据、云计算、移动互联网等信息技术的迅猛发展，给贵州的脱贫攻坚带来了新的机遇。在发展农村电子商务的基础上，2015年，贵州省委、省政府紧抓这一历史契机，乘势而为、大胆创新，提出了让贫困山区名优特产走出大山、推向市场的“黔货出山”扶贫战略。对于贵州省，要破解卖货难出、买货难进的现实困境，电商扶贫是弯道取直见效最快的路径。也正基于此，贵州全省上下围绕“黔货出山”战略，将电商扶贫作为精准扶贫的重要抓手和实现农村贫困人口全部脱贫、贫困县全部脱贫摘帽的有效途径，通过推动电商云和交通云的对接，培育多元化的电商主体，构建高效快捷的物流体系，促进线上线下融合及交通流通联动，确保黔货顺利走出大山。

① 本节内容整理自课题组赴贵州省黔东南州商务局获得的调研资料。

二、黔东南州脱贫攻坚搭上电商快车

黔东南州位于贵州省东南部。州内居住着汉族、苗族、侗族、布依族等33个民族，其中少数民族人口占总人口的80.2%。境内重峦叠嶂、沟壑成群，耕地面积极为稀少，恶劣的地理条件使黔东南州成为贵州省深度贫困区之一[①]。为积极响应省委、省政府的号召，黔东南州全力开展电商扶贫，助力苗乡侗寨农特产品“出山”。2015年，黔东南州启动实施了电子商务发展的“北斗”计划，通过加快本地电子商务发展，促进传统产业转型升级，构建工业品下乡、农产品进城的农村电商新格局，打造了山地民族地区电商扶贫的“黔东南版”。

（一）黔杭合作共建电商扶贫新平台

杭州市被誉为中国电子商务之都，有阿里巴巴等多家大型知名电商企业，而黔东南州的绿色农特产品种类丰富，这正是双方的优势所在。根据杭州市与黔东南州达成的对口帮扶合作意向，双方共同搭建了凯里互联网众创产业园。该产业园集电子商务运营、物流配送、人才培训、电商孵化、产业众创、线下体验六大功能于一体，包括“一园、一店、三基地、五中心”：一园是黔杭电子商务产业园；一店是淘宝特色中国·黔东南馆线下商品体验旗舰店；三基地分别是电子商务孵化基地、青年电商众创基地、电商人才培训基地；五中心分别是黔东南州电子商务公共服务中心、青年电商创业金融服务中心、阿里巴巴旗下农村淘宝凯里市服务中心、凯里市电子商务运营中心、凯里市社区综合服务配送中心。产业园共入驻世界500强企业3家和其他各类大中型企业113家。2016年第一季度，园区完成电商交易额近5500万元，其中仅阿里巴巴农村淘宝2700万元，贵州黔茶故事茶业有限公司（大学生创业示范点）1000万元，本土企业代表淘宝特色中国·黔东南馆450万元，共带动就业创业860多人，涉农企业及其合作社成员人均年增收1200元。

鸭塘村淘宝服务站是凯里市与阿里巴巴合作共建的农村电商扶贫线下平台的代表。2016年5月，36岁的梁海兵成了一名农村淘宝“店小二”[②]。2015年底，

---

① “天无三日晴，地无三尺平，人无三分银”。这是对历史上黔东南地区贫困状况的真实反映。据说，当年红军长征进入黔东南的剑河县时，发现当地人特别贫困，他们的血汗被各种苛捐杂税榨得一干二净，因此被形象地称为“干人”。

② 指经营农村淘宝服务站（农村淘宝店）的合伙人。他们为村民提供代购商品、收发快递、在线订票、代缴水电费等服务，同时帮助农户把农产品通过互联网销售出去，其收入来源是从代购代销订单中提取一定比例的服务费，所以被形象地称为“店小二”。

凯里市与阿里巴巴正式达成合作协议，共同建设农村淘宝项目，并发布了招募农村淘宝合伙人的公告。梁海兵第一时间报了名，并最终通过重重考核，成为一名农村淘宝合伙人。服务站自建立以来，为群众带来了诸多便利。每天都有许多村民前来选购家电、日用品、收寄快递、缴纳水电费。“海兵人很好，总是帮我们网购最实惠的东西，而且很热情，服务态度很好，我在这里买了好多东西了。”一位正在选购的老人说。在梁海兵和团队成员的共同努力下，服务站每月的交易单量和金额都在增加。现在，他有了一份稳定的工作，同时能为乡亲们提供力所能及的服务，心里感到格外欣慰。在访谈中，梁海兵也表达了他的一些担忧，他认为农村淘宝的目标是要建立10万个村级服务站，如此密集的网点布局，可能会导致村级服务站之间的竞争过于激烈，影响农村淘宝合伙人的经济收入。他建议在乡镇或街道建立一个规模较大的服务站，然后辖区各村分别建立微型服务站，大站带小站，这既便于管理，节约成本，又避免了盲目竞争。对于物流短板问题，他建议对偏远山区的物流给予每件 2～3 元的交通补贴；采取集约化的收送货物模式，即提前与农户约定送货时间，在送货的同时顺便收货；借鉴滴滴专车的形式，整合乡村闲散的私家车、农用车、皮卡车等交通资源，为农村淘宝提供便捷的物流支持。

（二）培育电商扶贫领头人

电商扶贫是一项系统工程，根本上还是要依靠人才来推动的。人才问题解决不了，一切都是空谈。为此，黔东南州依托凯里学院、黔东南民族职业技术学院、贵州电子信息职业技术学院的资源，建立了从短期培训、证书培训到学历教育的一整套培训体系，覆盖了从中等职业（简称中职）学校到本科的各个层次；与阿里巴巴的淘宝大学合作成立了黔东南电商培训基地，有计划地实施全州“百千万”电商人才培训计划。该计划力争用三年时间，培养100名电子商务骨干管理人才、1000名网站运转维护人才、10 000名物流和电商基层网点从业人员。在分层分类培训的同时，黔东南州多渠道引进人才，不断发展壮大电子商务人才队伍，为电商扶贫提供了强有力的人才保证。例如，在每年的高层次人才、急需紧缺人才引进和公务员公开招考、事业单位公开招聘的惯例引才中，给予电子商务专业人才岗位名额倾斜；积极支持和组织非公企业通过网络招聘、专场招聘、赴外招聘等方式，定向招聘企业所需的电商人才；以开展黔东南州重大行政决策咨询专家推荐申报工作为契机，聘请州内外电商资深专家作为顾问，为电商产业发展及电商扶贫提供专业指导和政策咨询。黔东南州还注重挖掘电商扶贫的本土人才，通过免费培训、扶贫贴息、小额信贷等措施，全方位、多角度鼓励个体商户、大学生、返乡农民工、退伍军人以及留守妇女投身电商扶贫。

（三）引领品牌扶贫与电商扶贫融合

（1）开展知识产权保护活动，抢占知识产权高地，把“舌尖上的黔东南”品牌纳入法律保护范围。指导企业创新产品，统一产品的设计与开发，积极帮助其申请专利；开展个性化定制与柔性化生产来满足市场不断增长的个性化、多样化需求；用精益求精的工匠精神来增品种、提品质、创品牌；以母品牌知识产权认证为载体，采取授权限量发售模式，帮助企业建立企业形象识别系统（corporate identity system，CIS），制订产品销售策略，实现价格定位的高端化。

（2）开展整体品牌营销活动，创新品牌营销渠道，集中力量提升品牌知名度。采取传统媒体与新媒体相结合的宣传方式，在高铁、高速公路等交通枢纽以及城区主要地段设置户外广告牌；在州政府门户网站开设“舌尖上的黔东南”品牌专栏；在电视媒体上以专题报道或公益广告的形式播放宣传片，在微信上开设“掌上黔东南”频道“舌尖上的黔东南”栏目；在有机博览会、传统村落峰会、电商大会、年货节等各类会展平台上宣传推广“舌尖上的黔东南”品牌及其产品。

（3）开展质量提升活动，树立质量第一的理念，确保品牌美誉度。加快对入选企业和产品的有机认证与各类管理认证，建立企业与消费者之间的信任关系；引导企业开展ISO9000质量管理活动，确保产品质量可控；鼓励企业制定高于国家要求的产品标准，采用国际先进标准；建立质量监管体系，强化质量安全检验检测，开展产品质量安全专项抽查和质量诚信建设，实行质量安全承诺制度。

（4）开展市场品牌主体培育扶持活动。根据“舌尖上的黔东南”品牌内涵及内容制定标准，对符合标准的电商平台优先授权使用该品牌；建立品牌使用的监管制度，对品牌使用情况进行监督和考核；指导企业规范电商农特产品标识和二维码信息，加强电商产品的精品包装设计，促进品牌主体培育与精准扶贫相结合。

黔东南州还支持和鼓励龙头企业通过整合区域品牌资源，发挥自身电商平台优势，推销特色农产品，辐射带动当地贫困户增收脱贫。贵州雷阿哥生态农产品开发有限公司（简称雷阿哥）是剑河县一家专注于销售可溯源的原生态农产品连锁配送公司。雷阿哥主营该县纯天然无污染的有机农产品，坚持走中高端品牌路线。在访谈过程中，雷阿哥总经理陈超航表示，剑河县山地多、耕地少，农产品产量较低。结合这一实际，他们着力打造精品农产品，通过雷阿哥电商平台，把剑河县品质最优的农产品往线上搬。雷阿哥一直遵循农产品的自然生长规律，挨家挨户上门对家禽、农作物进行生长周期登记。一个月成熟多少，他们就卖多少，不以销量为目的，真正打造生态绿色品牌。因此，当地群众亲切地将其称为剑河原生态产品的搬运工。雷阿哥瞄准市场需求，以高于市场价20%左右的价格定向收购红米、蕨菜干、腊肉等农产品。为了不让贫困农民大老远跑到县城供货，他们还在各乡镇、村建立站点，派人驻点收购，形成了“农企面对面，黔货出深山”的农村电商扶贫模式。2016 年开业以来，雷阿哥已成交订单 5374 单，完成营业额 609 万元，并与 12 个乡镇 37 个合作社和贫困户签订了近 500 万元的订单，迅速打进了农产品电商市场，为剑河县电商扶贫奠定了基础。

（四）补齐电商扶贫的物流短板

银田农产品物流园项目是由贵州银田农贸投资有限公司投资建设的凯里市招商引资重点项目。该项目总占地面积约为 1109 亩，建筑面积约为 80 万平方米，总投资 28 亿元。物流园位于凯里市高速公路东出口北侧的三棵树镇，地理位置优越，尤其是北京东路延伸段建成通车后，从凯里市中心直达园区只有 5 公里路程，交通十分便利。园区主要规划建设六区一中心，即农产品市场交易区、冷链仓储物流区、深加工配送区、农机农资交易区、电子商务产业园区、商务配套服务区和检验检测电子结算中心，能够支撑大流通、大物流的经营业态，可为产品运销提供强有力的支持。目前第一期工程已完工，园区现有各类批发经营户 550 余户，日均交易额 1000 多万元，成功解决就业人员 1200 余人。

黔东南州结合“传统村落”“四在农家·美丽乡村”“百村大战”等项目，采取叠加、共建的方式，加大对物流站点建设、物流运输及乡村公交运营的财政补贴，逐步构建起县、乡两级物流体系，即以县级运营中心建设为着力点，形成商品分拨节点；以村级服务站为基层物流网络支撑点，提供村级一站式服务。在加强网点布局的基础上，依托一站式服务和农户合作关系，培养村民网购习惯，吸引新用户，增强用户黏性，建立稳定的电商线下运营体系。例如，黔东南州支持邮政企业整合服务网点、电商普及店、乡村两级电子商务服务站，建设兼具农村电子商务综合服务、农村邮政快递综合服务功能的村邮站。为了对邮件处理的作业流程予以反复优化，黔东南州设立了邮政农村电商扶贫点，将订单生成、贴单发货等流程前移，提高了服务效率，还针对生鲜农产品特性，采用真空包装、冰袋保鲜和邮政专用生鲜寄递箱进行储运，从而保证客户在最短时间内收到原汁原味的“黔货”。

第四节　民族地区电商扶贫的难题及对策

一、民族地区电商扶贫面临的“最后一公里”难题

（一）民族地区基础设施存在短板，阻碍了地方特色农副产品走向市场

“十二五”期间，各级政府加大了对民族地区基础设施建设的投入，已基本实

现了公路村村通。但通村入户的道路条件仍较差，物流快递网点及服务体系尚未建成，贫困户的农特产品很难走出大山。而在发生山洪、泥石流等自然灾害时，通村道路易被损毁，相关部门又难以及时修复，这势必造成民族村寨与电商服务站点、县乡物流网点之间的联系中断，物流配送受阻，严重影响当地与外界的电商业务。另外，不同类型的少数民族农副产品在包装、仓储、运输等方面的要求也不相同，有的需要采取防水、减震、冷链等特殊物流方式，运输成本很高，导致许多企业不愿意进村入户收集货源，农户只得自行前往较远的网点办理快递业务，大大增加了电商交易成本。2015 年 7 月，《国务院关于积极推进“互联网 +”行动的指导意见》出台，“互联网 + 高效物流”被列为重点支持计划。尽管阿里巴巴、京东等互联网公司纷纷在民族乡村选点布局，但这些网点大多分布在物流条件较好、人口相对密集的中心村，而偏远民族地区山高路险、人口分散，电子商务的辐射带动作用很有限，电商扶贫效果大打折扣。

（二）少数民族群众对电子商务的了解程度低，电商扶贫专业人才匮乏

在我国，民族地区的科教发展相对滞后，贫困人口的文化程度较低，他们对互联网及电子商务相关软件的操作程序不熟悉、不熟练。同时受消费观念、地理环境等因素的制约，民族地区电子商务普及率不高。近年来，随着人口流动的加快，民族地区大量年轻劳动力向外输出，农村空心化现象普遍，少数民族电商人才更加稀缺。在条件允许的情况下，有的年轻人能通过网购将商品寄回家中，或者在网上推销农特产品，但“下行容易、上行困难”“远水解不了近渴”，他们难以替代留守人员进行在线操作和实际销售。调查发现，目前民族地区基层扶贫干部队伍中很少配备专门从事电商扶贫的技术人员，一些地方由村干部兼任农村淘宝合伙人，零星地开展网上代购与代销服务。农村淘宝合伙人的收入是按照代购代销订单金额的一定比例提成的，这种市场化运作方式很难真正实现农村电商扶贫的目标。事实上，村干部不仅要处理日常村务，还要协助乡镇开展工作，时间精力有限，他们无力承担电商扶贫的重任。尽管有些地方设置了农村电商服务机构，但由于民族地区条件艰苦、待遇较低，仍留不住专业人才。

（三）民族地区规模化产业及完整产业链尚未形成，电商扶贫缺乏内在的动力支撑

一直以来，我国民族地区的农副产品种类较多且品质优良，但民族地区农村经济的底子薄，很多地方仍以传统小农生产和手工作坊式的分散化经营为主，不

仅没有形成现代规模化的产业及完整的产业链，相关加工企业与贫困农户也没有形成紧密的合作与利益联结机制，以个体为单元的传统生产分销模式不能适应电商迅猛发展的需要，个体网店经营者通常会因货源不稳定而陷入关张的窘境，这直接阻碍了少数民族群众通过电商交易持续增收的道路。品牌是用户忠诚度和成交率的保障，有研究表明，在影响消费者网购行为的众多因素中，品牌效应位居第一。然而，有些电商企业对产品的外包装、广告宣传、市场营销重视不够，缺乏规范化、标准化的生产流程、检验检疫程序和可追溯的食品安全保障体系，导致少数民族特色农副产品鲜有知名度较高的网销品牌，民族地区电商“叫好不叫座”，实际成交量并不高。有的地方网站也建了、产品也有了，但电商扶贫效果却不尽如人意。

（四）电商扶贫政策引导的精准率、协同度不高，少数民族群众参与电商产业链和分享电商收益的能力薄弱

现阶段，我国民族地区电商扶贫的形式主要是依靠市场化的模式，即电商企业下乡设立服务站点，带动周边少数民族群众参与电商交易，帮助贫困农户增收脱贫。然而，由于政府、市场主体，特别是平台、服务商以及少数民族贫困户的利益协调与共享机制的缺失，电商企业的营利性与扶贫的公益性兼顾困难。从自身经营成本的角度考虑，农村淘宝等企业倾向于在交通便利的村或经济发展较快、居民消费水平较高的集镇设立电商网点，而地处偏远的少数民族村寨只能望洋兴叹。电商发展在政策上没有主动和精准扶贫对接，与民族地区的产业、旅游、金融等扶贫政策互动衔接不够。民族地区电商扶贫的方式较为单一，整合社会资源的能力很弱，限于部门的条块分割和政策的碎片化，电商企业与农业、商务、旅游、交通、扶贫等部门没有建立长效的合作机制。对于新兴的农村电商扶贫，国家还没有制定相应的标准化监督管理体系，缺乏具有可操作性的量化考评指标，在融资贷款、服务商引进等方面的优惠政策也没有落到实处。

二、打通民族地区电商扶贫“最后一公里”的对策

（一）构建覆盖偏远民族地区的电商物流服务体系

在发展型减贫政策体系中，仍不可忽视改善自然条件的必要性和首要性。从少数民族长期贫困户的角度看，当前已贯通的县乡乃至跨省跨区道路交通对他们增收脱贫的积极影响并不是很大。为此，破解电商扶贫“最后一公里”难题，要将重点放在民族地区通村通组的道路建设上，不仅要打通内外联系的“大通道”，

还要畅通与“大通道”连接的“静脉”“毛细血管”。以物流枢纽站场建设为抓手，统筹布局、整合资源、合力开发，强化交通运输、农业、商贸、供销、邮政等物流设施规划与电商扶贫的衔接，构建多站合一、资源共享、功能完善的县、乡、村三级电商物流服务体系。县级物流中心的建设要立足于对农贸流通市场、农资配送及农副产品购销中心等资源的整合，健全县级物流中心与上、下游枢纽节点之间的交通网，并不断向偏远民族乡村延伸和覆盖，推动民族地区与东部发达地区物流服务网对接。乡镇物流服务站是上接县、下联村的中转节点，民族乡镇要发挥客运站、周边交通运输站点、集市贸易服务设施的集聚辐射作用，建设集公交、货运、客运、农资交易、产品仓储、日用品分拨、再生资源回收、邮政运输、快递配送等多功能于一体的乡镇综合物流服务站。村级物流服务点的选址，要以因地制宜为原则，建设适合民族村寨特点的紧密型农村物流网点，利用邮政和供销两大系统布点多、渗透广的优势，通过彼此合作，共享物流信息和仓储资源，实现农村供销合作社、综合服务社、村邮政站、快递网点、农副产品购销代办站等的多点融合。

（二）打造一支面向民族地区基层的“落地式”电商扶贫专业人才队伍

我国民族地区电商起步较晚，近年来发展需求量大，仅依靠农村淘宝合伙人或村干部兼职从事电商扶贫的效果不理想。当前民族地区电商扶贫最缺乏的是既精通电商技能又通晓少数民族语言和风俗习惯的复合型人才：一方面，各级政府要制定人才引进政策，通过创新体制机制和政策倾斜，特别是适当提高人才待遇，提供良好的工作环境和设备条件，引导优秀人才扎根偏远民族地区开展电商扶贫；另一方面，在加大吸引外来人才力度的同时，提高少数民族群众的文化素质，尽快完善民族地区本土电商扶贫人才的培养机制，加强电商扶贫专干的选拔、培训、激励和考核。例如，定期组织“送技术进村寨”活动，依托各类学校、社会组织、志愿者，向少数民族群众传授电子商务知识和实操技能；鼓励少数民族农民工返乡创业，积极培育农村电商新主体，重点培养一批农村电商职业经纪人和扶贫创业致富带头人，使他们成为带动乡亲四邻增收致富的“火车头”；加强与民族院校的合作共建，定向培养电商专业人才；选拔技术能力过硬的电商扶贫专干进驻特困村寨，为建档立卡贫困户提供按需培训、上门服务。

（三）实施民族地区电商产业链延伸与品牌提升战略

民族地区电商扶贫要以市场需求为导向，发挥民族地区在生态、文化、旅游等方面的优势，采取差异化帮扶的方式，引导贫困户发展见效快、前景好、风险小的特色农副产业，拓宽电商销路。创新利益联结机制，鼓励山地、林场资源较多的贫困户通过合作社、农民协会等多种渠道实现土地流转以及规模化、集约化经营，将产品委托给电商和物流企业统一组织销售与配送，确保少数民族贫困户能从中持续增收。以“一村一品、一乡一业”为原则，大力发展少数民族特色产业，从民族地区人文、地域、民俗等元素中挖掘品牌资源潜力，支持申报“地标产品”“绿色”“无公害”“有机”等资质认证，充分运用媒体广告、网络营销、电商公关等手段，宣传推广特色品牌，扩大市场份额，提升品牌的知名度和美誉度。例如，贵州省黔东南州按照“1＋8＋X”的思路，塑造了“舌尖上的黔东南”这一区域电商母品牌，推出了大米、山茶油、高山蔬菜、特色畜禽、酸汤调料、中药材、水果、茶叶八大类农村电商产品，构建了涵盖若干个子品牌的食品企业品牌体系，有效促进了精品生态农业向品牌化方向的发展。与此同时，必须加强监管执法力度，严惩制售假冒伪劣产品的电商企业，追究相关服务中间商的法律责任，建立电商产品生产流通全过程的质量安全控制和可追溯体系。

（四）构建电商扶贫的政策支持体系，精准发力、多方协作，打破少数民族贫困地区电商发展壁垒

各级财政要加大资金投入，推进偏远山区宽带网络提速降费，提高物流配送能力，完善物流服务体系，建设民族地区的智慧物流，促进城乡信息公共服务普遍化、均等化。县乡政府要通过精准识别，积极协调金融部门，对从事电商行业的少数民族群众提供金额小、期限短、随借随还的信贷优先支持。适当提高民族地区电商企业的授信额度，简化贷款手续，降低融资成本，综合运用场地免租、设备减租、培训免费、用地优先、税收减免、物流补贴、创业贴息等政策，提供低成本的电商创业途径。以“互联网＋精准扶贫”为契机，强化多种扶贫模式及政策之间的互促，充分发挥“1＋1＞2”的联动效应，提高电商扶贫的实效。例如，借助电商平台网上销售具有当地民族特色的旅游产品，可以增加贫困人口收入，促进旅游宣传，吸引八方游客；同时，在旅游活动中，通过设立景区电商服务中心，将农特产品、民族手工艺品的现场展示与在线销售相结合，既丰富了旅游文化内涵，让游客获得了更好的旅游体验，又带动了电商扶贫的发展。要上行、下行双管齐下，着力突破制约民族地区特色农副产品进城和工业品下乡的制度瓶颈，降低少数民族群众生产生活资料的采购和消费成本。此外，还要吸纳多元主体参与构建民族地区电商平台，引导少数民族贫困户与种养大户、合作社、生产基地、科研院所、农业示范园区、龙头物流企业及电商企业建立合作关系，让他们在农业全产业链和价值链中受益。

第五章　民族地区易地扶贫搬迁：逻辑与进路

易地扶贫搬迁是精准扶贫的重要举措，也是“挪穷窝”“斩穷根”的关键之策。民族地区易地扶贫搬迁不同于一般意义上的生态移民，它是一种具有消除贫困、发展经济、保护生态、传承文化，以及促进社会和谐与民族团结等多重功效的移民扶贫模式。破解易地扶贫搬迁过程中所面临的难题，应坚持群众自愿原则，与新型城镇化有机结合，加大政府投入力度，创新投融资方式及搬迁安置模式，完善后续扶持政策，强化搬迁效果的监督考核，实现搬得出、稳得住、能致富、可融入。

第一节　民族地区易地扶贫搬迁的内涵和意义

一、民族地区易地扶贫搬迁的内涵

长期以来，无论是理论界还是实际工作中，人们对易地扶贫搬迁和异地扶贫搬迁、生态移民的概念存在一定的混淆。易地扶贫搬迁是通过交换土地的方法，将贫困人口从恶劣的环境中搬出，安置在自然及基础设施条件较好的地方，帮助他们脱贫致富，其对安置地点没有限制。异地扶贫搬迁则强调搬迁安置地点必须在本行政区域以外的其他地方。生态移民也称环境移民（environmental migration），指原居住在自然保护区、生态环境严重破坏地区、生态脆弱区，以及基本不具备人类生存条件的地区的人口，搬迁到另外的地方定居并重建家园的人口迁移。随着时代的变化发展，生态移民逐渐被赋予扶贫的内涵[①]。但生态移民大多是环境迫使人类迁徙的活动，而易地扶贫搬迁除了解决搬迁人口的生存问题，更具有消除贫困和修复生态的双重目标。

易地扶贫搬迁是一个具有包容性的概念，它不仅涵盖了在安置地选择上存在差异的异地扶贫搬迁，也吸纳了生态移民等多种形式的移民扶贫的内涵（图 5-1）。国家发改委印发的《全国“十三五”易地扶贫搬迁规划》中明确指出，易地扶贫

---

① 自先秦以来中国就出现了受自然地理等因素影响的人类迁移活动，到明清时期还出现湖广填四川、闯关东、走西口、下南洋等多次移民潮，这些移民活动都具有一定的生态移民特征。中华人民共和国成立之初，宁夏等地将生产生活条件落后地区的贫困群众迁移到条件较好的地方进行开发性扶贫，这是生态移民与扶贫搬迁之间的最早交集。

搬迁是指对居住在生存环境差、不具备基本发展条件，以及生态环境脆弱、限制或禁止开发地区的农村建档立卡贫困人口实施易地扶贫搬迁安置，从根本上改善其生存和发展环境，实现脱贫致富。

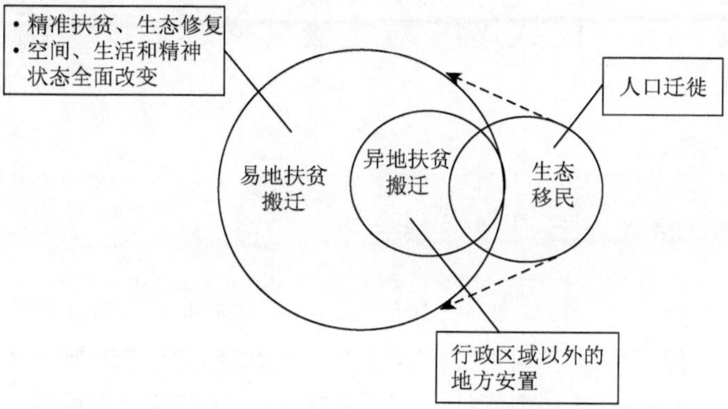

图 5-1　生态移民、异地扶贫搬迁与易地扶贫搬迁的关系

二、民族地区易地扶贫搬迁的意义

（1）彻底改变自然条件恶劣的境况，为贫困人口脱贫致富创造了条件。我国少数民族贫困人口大多分布在集中连片特困地区，这些地区或干旱缺水，或因地表水渗漏严重而无法利用，或高寒阴冷、有效积温不足，或山高坡陡、水土流失、灾害频繁。实施易地扶贫搬迁能够帮助少数民族群众摆脱“一方水土养不起一方人”的穷困境遇，为改变落后面貌，走上脱贫致富的道路拓展了空间、创造了条件。

（2）缓解民族地区环境承载压力，为生态修复与保护提供了可能。少数民族有靠山吃山、靠水吃水的生产生活传统，而随着人口的增长，环境承载压力日益加大，当地群众对自然资源的过度开发是造成生态脆弱的主要原因，环境的退化又使民族地区贫困程度不断加深，从而形成贫困和环境退化的恶性循环。易地扶贫搬迁不仅可以减轻人口压力，改变搬迁对象越穷越垦、越垦越穷的状况，遏制生态环境恶化的趋势，还为迁出地的生态修复及保护腾出了空间。人口退出后，通过政府退耕还林还草、植树造林等生态治理措施，使民族地区自然环境得以改善。

（3）促进各民族交往、交流、交融，为实现共同富裕奔小康奠定了基础。从精准扶贫与民族关系的角度看，易地扶贫搬迁促进了搬迁少数民族群众与迁入地原居民之间的交流与融合，在共同发展生产、共同致富的过程中，形成由多个民族共同居住并在空间格局上交错杂居、经济交往上互惠互利、文化情感上互相认同和彼此包容的社会共同体与治理单元。这种相互嵌入的新型民族关系的建立，有助于加强各民族之间相互了解、尊重、包容、欣赏和学习，促进少数民族经济文化发展，决胜全面建成小康社会。

第二节　民族地区易地扶贫搬迁的现实困境

一、搬出难

（一）政策搬迁与自愿搬迁耦合难

一是贫困群众搬迁意愿不强烈，顾虑较多。民族地区易地扶贫搬迁的对象大多是居住在生存条件恶劣地区的少数民族群众，少数民族由于语言相通、习俗相同、血缘相亲，恋乡情结浓厚，难离故土。二是贫困户家庭内部意见不一致，纳入整村搬迁规划的群众意见难统一。调查发现，对于扶贫搬迁，家庭成员代与代之间存在分歧，年长者通常不愿意搬迁，年轻人则对搬迁表现得积极。在对 50 户以下、贫困发生率在 50%以上“一方水土养不起一方人”的自然村实施整村搬迁时，涉及的户数多、人数多，各个家庭及每个人的意愿不一样，很难达成一致，搬迁难度大。三是政策执行的压力导致基层工作人员对易地扶贫搬迁情有独钟。由于民族地区财力有限，争取易地扶贫搬迁项目既可以获得更多的资金支持，又能在短时间内凸显扶贫成效，一些地方把易地扶贫搬迁作为“短、平、快”的工作强推，但忽视了群众的意愿。

（二）搬迁对象精准识别难

易地扶贫搬迁要求必须将纳入建档立卡信息系统、有搬迁意愿且符合搬迁条件的贫困户作为对象予以精准识别。然而，有的建档立卡数据信息与实际存在较大差异，部分不符合条件的群众被录入贫困系统中，并享受了政策补助。有的建档立卡数据未及时更新，致使有些因病返贫、因灾返贫等特殊原因致贫的群众不能享受政策补助。有的地方在整村搬迁过程中出现了“搬富不搬贫”的现象，搬出来的虽然是贫困村，但大多数是相对富裕的村，而不是特别贫困的村；搬出来的农户虽然也来自贫困村，但大多数是收入相对较高的非贫困户，而不是真正的贫困户；甚至还有的地方存在脱贫户为了享受易地扶贫搬迁补助政策而想方设法返贫的问题。

（三）成本高、补助少，建房资金筹措难

易地扶贫搬迁涉及多方面的扶贫资金，主要包括中央预算内投资、地方政

府债务资金、农户自筹资金等。在当前建材和劳动力成本上涨的情形下，农户建房自筹资金远高于政策性补助，导致一些贫困户怕搬、搬不起。以湖南省为例，县城安置的移民建购房补助费为每人 2 万元；跨乡镇中心村寨安置的移民建房补助费为每人 1.5 万元；搬迁到本乡镇附近中心村寨安置的移民建房补助费为每人 1.2 万元；避险安置的移民建房补助人数每户不得超过 5 人。那么，即使按每 5 人一户计算补助资金，总额也不足 10 万元。但建一栋一层 100 平方米的新房总投入至少需要 10 万元。易地扶贫搬迁建房补助标准过低与建房成本不断上涨之间的矛盾，抑制了一些贫困户易地扶贫搬迁的积极性。国家政策还规定，中央预算内投资不得用于同步搬迁人口的住房建设补助。从各地情况来看，建档立卡搬迁人口和同步搬迁人口之间的补助标准存在较大差距，导致部分同步搬迁人口的搬迁意愿不强，增加了其搬迁成本，产生因迁致贫、因迁返贫的问题。

（四）协调不够、程序烦琐，搬迁工作推进难

在实际操作中，易地扶贫搬迁相关政策内容衔接不够，操作有难度。例如，国家发改委的文件要求，不得回购公租房、廉租房等国家已补助投资建设的住房用于安置住房建设，而部分省级政府的政策与之存在差异。政策的碎片化造成许多县级部门掌握尺度不一，有的地方还特别强调利用廉租房大量安置，这显然与国家政策背道而驰。对于搬迁项目的申报、考核、验收，其流程复杂、手续烦琐，影响了易地扶贫搬迁工作的整体进度。易地扶贫搬迁用地从申报到获批至少需要半年时间，如果安置区规模大，工程则要跨年度实施，但年度搬迁计划和资金的下达是与考核验收在同年度内进行的，这就导致当年搬迁任务无法在年内完成。另外，大多数农户建房需要跨行政区域办理集体土地使用证和房屋产权证，而人民公安、国土资源、住房和城乡建设等多个部门之间尚未形成协同办公的合力，集中安置点建设推进缓慢。

二、稳住难

（一）土地资源有限，集中安置难

政府对于县城及工业区周边集中安置的前期投入大、建设周期长，难以满足过渡期搬迁人口的就业需求，搬迁后的集中安置区远离迁出地的生产资料，对于大多数易地扶贫搬迁的贫困户来说，很难继续维持过去的生产生活方式，迫使其转向非农就业。而民族地区县域城镇化不彻底，乡镇消化劳动力就业的能力不足。尽管贫困农民从偏远地区搬迁到城镇周围，缩短了务工的空间距离，但非农就业

仍停留在传统的外出务工，增加收入很困难。不少农户希望就近安置，但中心村集中安置的硬件不达标，加上村内土地有限，就近安置规模较小，而且许多村寨还涉及建设用地占用部分农田的问题。

（二）退路没有断，安心定居难

部分贫困群众对拆除旧房有抵触，想两边住、两边占。人虽搬出来了，但心还留在迁出地，其原因有三个：第一，有的地方没有考虑到原村承包地和迁入地承包地的使用权流转问题，导致很多搬迁农户只能两头跑，特别是在迁出后的过渡期，农民谋生主要依靠返回原村耕种或养殖畜禽，新的安置区距离较远、面积有限，劳动之余，他们需要有房子歇息和存放农机具；第二，旧房是祖上传下来的，为家庭成员共有，而分家之后各家又不全是贫困户，因此旧房难以拆除；第三，认为安置房面积过小，不能满足家庭人口合理增长的需要，甚至有个别贫困户因不能选择 100 平方米以上的大户型，宁愿放弃补助和奖励也不愿意拆除旧房。

（三）管理和配套设施跟不上，生活质量提升难

易地扶贫搬迁安置区具有整齐的住宅和良好的基础设施，但管理与配套设施跟不上，安置区的定居率下降。从社区治理看，为了便于管理，安置区的管理者一般是从迁出地的居民中选出来的，而迁出地的人群主要为农民，管理意识不强，能力欠缺。从配套设施使用看，搬迁后劳动力外出务工，其子女也随迁到外地上学，安置区周边学校的生源大量减少，且面临被撤并的局面，从而出现新的上学难问题。安置区周边配备的医疗服务点，虽然在一段时间内是搬迁群众看病的首选地，但与更高级别的医疗机构相比，其服务水平低、内容不全面，难以满足患者的需求。

三、发展难

（一）后续产业发展薄弱，农户生计重构难

后续产业发展是搬迁农户能够脱贫致富的关键。民族地区城乡产业发展差别小，易地扶贫搬迁只是改变了贫困户的生活条件，而迁入地与迁出地一样，都以传统农业与畜牧养殖业为主，且生产效益不高，农户收入仍然很低，不少农民搬迁后不得不选择外出务工以维持生计，搬迁后不但没有脱贫，反而更加艰辛。政

府部门对易地扶贫搬迁安置点位置的选择比较重视，而对搬迁群众的后续发展还不够重视，特别是缺乏对安置区经济发展进行调研评估，忽视与当地特色产业发展规划衔接。民族地区龙头企业数量少，培育产业能力差，产业发展空间不足，新兴支柱产业很难形成，对搬迁农户的就业创业技术培训等服务支持不够，也影响搬迁后农户的生计重构及"有事做、能致富"目标的实现。

（二）内在发展能力不强，自我"造血"难

易地扶贫搬迁项目的实施，通常由政府定指标，逐级向下分解，群众被动参与，甚至根本没有参与，只是听任搬迁安置，失去了主体地位，这种简单粗暴的压任务的方法导致上热下冷，群众缺乏主动性，参与后续产业发展的积极性不高。居住在生存条件恶劣的偏远地区的少数民族群众，由于受教育程度低，对现代科学技术掌握不够，对新产业、新业态的适应能力不强，主动摆脱贫困和自主创业的动力及信心不足。部分贫困群众存在"等、靠、要"思想，没有从"要我脱贫"转变到"我要脱贫"，还有的不愿意接受帮扶安排的工作岗位，也不愿意参加劳动，坐等救助。

四、融入难

（一）迁入地矛盾隐患增多，社会接纳难

不同民族的搬迁群众聚居在一起，形成了既不同于城市又区别于村级组织的新的社区，从分散居住到相对集中居住，搬迁群众的生活圈、社交圈都发生了很大变化，随之带来了一系列社区融入的新情况、新问题，如因水、电、路设施与迁入地居民之间利益冲突增多等。由于民族地区公共服务体系不成熟、不完善，搬迁群众即便居住在城镇及其周边地区，也很难享受与城镇居民同等待遇的公共服务，在土地调整变更、户口迁移、子女入学，以及农村低保、城市医保和养老保险衔接等方面仍存在不接纳、不均等问题。

（二）迁入地文化差异大，文化融合难

易地扶贫搬迁这种让多个族群集中居住的方式在一定程度上打破了以往长期形成的稳定的族群边界。当此平衡被打破之后，地方政府需要面临族群生活空间边界的重组和文化转型带来的治理难题。在搬迁过程中，集中安置式整体性搬迁因少有外来成员加入，在搬迁群众之间达成共同普遍的认可相对容易。但作为一

个社区文化单元，它与迁入地的文化系统也会产生较大差异，如外来文化与本土文化、传统文化与现代文化的差异等。由于不同的民族传统文化、制度文化、宗教信仰、社区精神的相互接触和碰撞，分散式安置更容易产生文化上的冲突。

（三）迁入地身份认同缺乏，权益保障难

易地扶贫搬迁后，一些搬迁人口逐渐由农民向城镇居民过渡、由传统的耕种者向产业工人转变，附着在身份上的权益随之也发生变化。但由于不少地方没有出台跨区域扶贫搬迁户籍迁移落户及户籍类型变更的政策，搬迁人口的身份无法明晰，搬迁后的社会保障与公共服务权益难以兑现。有些地方的农村，还因原住村民保守排外，搬迁贫困户的户籍迁入、生产资料重新配置等合法权益无法保障。

第三节　民族地区易地扶贫搬迁的模式化检视——广西都安大石山搬迁记[①]

一、搬迁的背景

都安瑶族自治县（简称都安县）位于广西壮族自治区中西部，地处云贵高原南缘的大石山区。该县集少数民族聚集区、革命老区、石漠化集中区、生态脆弱区、水电站淹没区于一体，贫困人口分散在千山万壑之间，人均耕地不足 0.7 亩，贫困发生率高、贫困程度深、致贫因素多，是典型的“贫中之贫、困中之困”的县份之一。“十三五”期间，广西易地扶贫搬迁任务是 100 万人左右，其中都安县就有 12 480 户 52 414 人，约占总数的 5%，是广西搬迁人数最多、任务最重的县。都安县自然条件恶劣，农村基础薄弱。全县总人口 70.21 万人，70%左右的人口居住在大石山区，通信靠嘴吼、出入靠脚走、运输靠背篓，生存条件极为艰苦。“乱石旮旯地，牛都进不去，春耕一大坡，秋收几小箩。”当地瑶族群众的歌谣唱出了其对石漠化的无奈。因久居深山，长期倚农维生，垦种失度，加上资源匮乏，缺少支柱产业，经济发展迟缓，当地群众迫切需要尽快搬离大石山区。

二、搬迁的模式与过程

（一）模式创新：从有土安置到无土安置

都安县山多地少，土地资源稀缺，沿用有土安置的空间不大。2005 年，都安

① 本节内容整理自课题组赴广西壮族自治区河池市都安瑶族自治县扶贫开发办公室获得的调研资料。

县率先在广西尝试易地扶贫搬迁的无土安置。无土安置是指生态移民与城镇化、工业化相结合，在县城周边建立农民进城创业园，在移民安置点周边规划匹配产业园区，引进劳动密集型企业为移民提供就业岗位和就业机会，以增加安置农户的收入，同时将县城区或集镇比较完善的公共设施体系向安置区域延伸和覆盖，破解搬迁安置农户基本公共服务难题，从而实现易地扶贫搬迁目标。

在长期扶贫搬迁实践的基础上，都安县按照近工业园区、近城镇集市、近公路沿线、近旅游景区、近土地资源“五近”原则，把扶贫移民工作与城镇化、工业化、产业化深度融合，探索出“1+5+n”易地扶贫搬迁模式（图5-2）。“1+5”即在红渡扶贫移民新城和安阳、高岭、永安、下坳、拉烈5个中心乡镇集中安置。各安置区预留10亩以上产业用地，引进1家以上劳动密集型企业，使每个安置户有1人以上能就近就业；“n”即全县19个乡镇依托已有基础设施和土地等资源，由各乡镇通过宅基地模式分散安置。该模式不仅是都安县无土安置模式的升级版，也为我国少数民族山区脱贫攻坚、农民市民化、户籍制度改革、新型城镇化、美丽乡村建设提供了经验借鉴。

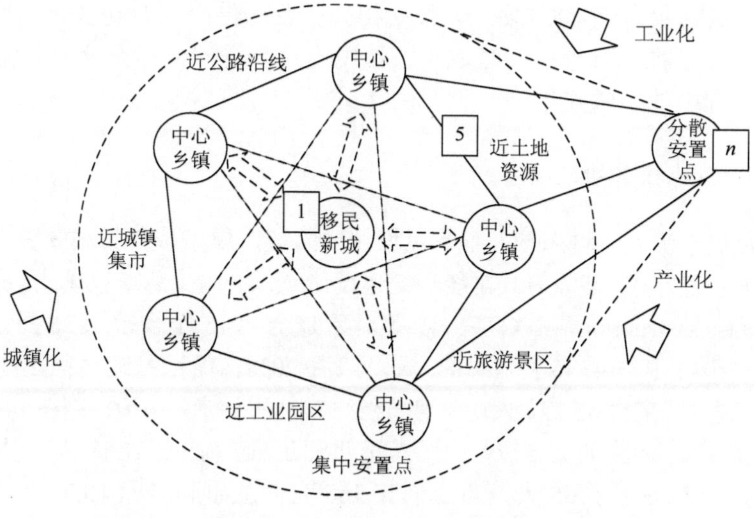

图5-2　都安县“1+5+n”易地扶贫搬迁模式

（二）过程透析：以红渡、八仙、车家庄3个安置新区为对象

1. 红渡扶贫移民新城

该项目位于都安县澄江镇红渡村，属于依托产业园区安置类型，采取宅基地和公寓楼相结合的集中安置方式，建设方式是统规自建和统规统建。安置对

象是菁盛、龙湾、拉烈、东庙等乡镇群众 1600 户 6720 人，其中建档立卡贫困户 1446 户 6058 人，约占 90%。项目占地面积约 380 亩，总投资 4 亿元，人均住房面积约 25 平方米，房价控制在 1400 元/米 ^{2}。第一批搬迁入住的人口中有劳动力 384 人，在临港工业园区各企业就业 103 人，建筑业就业 69 人，自主创业 78 人，外出务工 134 人，每户均有 1 人稳定就业。第二批搬迁入住的人口中有劳动力 1410 人，安排在临港工业园区各企业就业 564 人，旅游服务业就业 85 人，建筑业就业 169 人，现代特色农业核心示范区就业 122 人，自主创业 268 人，外出务工 202 人，每户均有 1 人以上稳定就业。

该项目的成功做法是：新城选址近工业园区、近旅游景区、近港口码头、近公路沿线、近城镇集市，区位优势明显，规划建设了幼儿园、小学、临港高中等配套教育设施，同步建设了道路、水电、通信等生产生活设施，完善了医疗卫生、文化、商业、公交等公共服务体系，让移民享受与城镇居民同等的待遇。新城第一期对未通公路的 85 个自然屯 256 户 1098 人进行整屯搬迁，政府不再对原居住地村屯投入基础设施建设，而将这些资金整合用于易地扶贫搬迁安置点建设，发挥了资金效益。新城已引进西江鱼峰新型建材、都安红渡港口、龙颈水电站等多个项目，提供就业岗位 1000 多个，带动相关产业提供岗位 800 多个，实现有业可就、有事可做、收入可观，同时成立了移民安置点党支部，充分发挥党组织和党员在搬迁过程中的引领作用。

2. 八仙易地扶贫搬迁安置新区

该项目位于都安县城东部八仙农民城拓展区域，属于依托县城安置类型，采取公寓楼集中安置方式，建设方式是统规统建设计-采购-施工总承包模式（engineering-procurement-construction，EPC）[①]。安置对象是全县 15 个乡镇 4828 户 17 428 人，其中建档立卡贫困户 4345 户 15 685 人，约占 90%。项目占地面积 203 亩，投资 10.4 亿元，建设公寓楼 65 栋，人均住房面积约 22.7 平方米，房价控制在 1400 元/米 ^{2}。该移民安置点共有劳动力 5779 人，依托八仙工业园就业 1851 人，县城城区就业 845 人，外出务工 1165 人，自主创业 368 人，从事藤编业 1550 人，户均就业 1 人以上。

该项目的成功做法是：政府通盘考虑，权衡利弊，合理征用八仙农民城原作为工业用地的 203 亩土地优先进行易地扶贫搬迁项目建设，盘活尚未利用的存量土地，按照易地扶贫搬迁与城镇化、工业化、产业化“四位一体”的要求，重新规划新安置区，将其与八仙农贸城连为一体，建设成为城区的重要组成部分。坚

① EPC 是指公司受业主委托，按照合同约定对工程建设项目的设计、采购、施工、试运行实行全过程或若干阶段的承包。

持以人为本的原则，结合生态乡村建设，统筹易地扶贫搬迁、危房改造、水利电力等项目，同步配套交通、水电、通信等基础设施，优化周边教育资源配置。利用城区职业中等专业学校资源开展免费培训，提高移民就业能力。扶持发展传统藤编技术等特色产业，通过家庭编织加工、企业回购成品的订单模式，让贫困户在家工作即可实现零成本、零风险增收。

3. 车家庄易地扶贫搬迁安置新区

该项目位于都安县下坳镇坝牙村上汶屯，属于依托公路沿线安置类型，采取宅基地集中安置方式，建设方式是统规统建 EPC。安置对象是下坳镇隆麻、肯友、高王等 12 个村 11 个屯的整屯搬迁群众，安置规模为 100 户 555 人，其中建档立卡贫困户 90 户 505 人，约占 91%。项目占地面积 54.7 亩，总投资 3200 万元，按每户 1 套宅基地安置房建设，共 100 套，人均住房面积约 19.8 平方米。搬迁入住的 100 户贫困户共有劳动力 208 人，其中就近在康音电子厂就业 106 人，外出务工 71 人，自主创业 31 人，户均就业 1 人以上。

该项目的成功做法是：移民搬迁工作队通过以点带面，动员贫困户自愿搬迁，整屯共同迁徙，离土不离乡。借助广东深圳对口帮扶资源，将 100 套住房全部提升到二层半，满足了贫困户住房和发展需求，打消了其顾虑。项目尝试有土安置与无土安置相结合，首创家庭菜园模式，在安置点附近合理规划土地，每户分配一块菜地，保持贫困户在原住地的生活习惯，在缓解他们生活压力的同时，增加其对新区的归属感。优化配套产业，无偿提供产业用地 3.4 亩，引进东莞市康音电子科技有限公司，确保每户至少 1 人进厂务工，使搬迁户在家门口就业增收。对接滇桂黔石漠化片区产业扶贫项目，在安置区周围的山上种植适生经济作物野生毛葡萄，并依托二级公路交通优势，发展红薯粉、火麻、瑶鸡等特色种养殖业，拓宽了脱贫致富门路。

三、搬迁的基本经验

（一）健全“三个机制”，精准引领搬迁

都安县成立了由县委书记、县长任双组长，分管副书记任常务副组长，分管副县长任副组长，县相关部门及有关乡镇主要负责人为成员的易地扶贫搬迁项目工作领导小组，形成了主要领导亲自抓、分管领导具体抓、职能部门协调抓的组织体系。建立县级领导包乡镇、乡镇干部包点、村（社区）干部包户的网络化联动管理机制，以及易地扶贫搬迁与纪委、监察部门联动工作机制，实行半月一调度、一月一督查、一月一通报，坚持每月评选最优项目和最差项目。县发展和改

革局、国土资源局、住房和城乡建设局、城市投资发展有限责任公司等部门联合办公，开展一条龙服务，简化审批流程。推进“交钥匙工程”行动，对所有安置点实行一名包干领导、一个工作班子、一套措施、一抓到底“四个一”工作机制。利用电视、广播、网络等媒介，对搬迁原则、对象筛选、补助标准、资金来源、建设工期等进行公示。通过村务公开栏、召开搬迁群众大会和上门征求意见等方式，充分听取群众对项目建设内容、户型设计方案和公共设施的意见建议，增强项目实施的科学性和透明度。

（二）坚持“三个强化”，灵活实施搬迁

都安县把尊重群众意愿作为推进易地扶贫搬迁的前提和基础，坚持条件具备的优先、特别贫困无法生存的优先、群众积极主动的优先“三个优先”原则，按照先易后难、先点后面的工作方法，强化示范引导作用，带动整体推进，解决被动搬迁问题。从一次性整体规划入手，变集中安置、一体推进为适度集中、适当分散，通过盘活城镇存量用地、整合回收小产权用地等方式解决无地可用问题。把易地扶贫搬迁与新型城镇化、工业园区建设、农村危房改造、规范农村村民建房、加快发展产业、创新社会治理结合起来，采取用途不变、渠道不乱、集中使用、捆绑实施、各负其责、各记其功的筹资融资方式，将建设、水利、电力、林业、国土等涉农扶贫资金整合起来，充分发挥资金使用效益。采取搬迁农户义务投工投劳和亲朋邻里互帮互助等形式，弥补资金缺口，实现了各类资源的有效整合、高效利用。同时积极争取银行贷款，动员引导各方力量支持扶贫搬迁。

（三）突出“四个重心”，严格管理搬迁

都安县科学地编制了《都安瑶族自治县精准扶贫易地扶贫搬迁规划》，把居住在偏远山区、生存条件恶劣、脱贫致富无望的贫困群众尽可能纳入规划搬迁的“总盘子”。在具体建设过程中，坚持分项目编制实施方案，按照量力而行、大小结合的原则，对水、电、路、网络等基础设施，以及教育、文化、卫生等配套公共服务设施统一规划设计。坚持安居与乐业并举、搬迁与脱贫同步的原则，从搬迁群众自身情况出发，因地制宜确定安置方式，分别采取公寓安置、集中联建安置、分散安置等方式，让农民有选择权，不搞强迫命令，调动群众的积极性。按照宜养则养、宜种则种的思路，积极引导搬迁群众参与发展油茶、毛葡萄、桑蚕、甘蔗、山羊、瑶山牛、山鸡、旱藕八大扶贫产业。对整体搬迁区块实行整区域退耕还林还草，让搬迁农户享受生态补偿，促进贫困群众实现多元增收。强化“志德”教育，引导搬迁户靠志气、靠技能去脱贫，做一个自力更生的人；强化“孝德”

教育，引导搬迁户主动传承美德、孝敬父母、履行义务，避免“建一批新房、养一批懒汉”，实现生产生活方式与基层治理模式的同步转变。

第四节　民族地区易地扶贫搬迁的完善进路

一、搬得出

（一）充分尊重群众意愿，精准识别搬迁对象

在动员搬迁时，要逐村开会宣传，户户见面登记，多方听取贫困群众意见，尊重其搬迁意愿。公布易地扶贫搬迁规划和标准，由符合条件的建档立卡贫困户自愿报名参与，对这部分群众先搬迁、先入住、先帮扶。要纠正“扶贫搬迁是个筐，贫困人口往里装”的错误观念，改变以往由村干部上报搬迁对象的做法，成立搬迁对象识别机构，运用互联网移动精准扶贫终端采集贫困户的生计状况及家庭人口等信息，动态跟踪情况变化，按照农户申报、村评选、乡镇审查、县扶贫开发办公室复核的流程，将特困农户识别出来，作为兜底搬迁对象。要坚持自愿安置与政策性安置、集中安置与分散安置、梯次安置与重点安置相结合，根据当地实际，逐步分期实施扶贫搬迁。

（二）拓宽建房筹资渠道，实行差异化补助政策

中央要加大财政转移支付力度，提高易地扶贫搬迁的补助比例，对偏远民族地区减免地方配套资金。建立财权与事权平衡的财税体制，增加地方政府税收来源和分配比例，降低财政赤字，提高扶贫搬迁成本分担能力。适时放开农村土地承包权的转让、入股、合作和抵押融资，增强搬迁贫困户核心资产的变现能力和参与建房的动力。采取小额贷款、双联惠农贷款、安居宝、精准扶贫专项贷款等多种政银合作形式，支持低息或免息易地扶贫搬迁贷款建房或购房。动员和引导社会力量参与易地扶贫搬迁，帮助解决搬迁贫困户建房资金不足问题。实施差异化财政支持，根据贫困程度的不同，相应提高特困户建房补助比例，实现普惠制与特惠制的结合。

（三）简化项目审批手续，强化跨部门协同配合

省级政府要严格按照国家要求，做好搬迁安置房新建和存量房回购工作，降低县级部门在具体政策实施中的矛盾和风险。以“放、管、服”改革为突破口，改进工作作风，简化项目审批流程，提高办事效率，开辟绿色通道，加快推进易

地扶贫搬迁项目工程的实施。进一步明确各个部门在易地扶贫搬迁工作中的职责，形成横向到边、纵向到底的协同工作格局。对系统内的纵向分工，既要有省级部门牵头统筹，又要有市、县分级落实，各有侧重。以县级脱贫攻坚指挥部为桥梁，协调人民公安、国土资源、住房和城乡建设、林业、水利等部门，建立跨行政区域扶贫搬迁相关手续一站式服务平台，形成扶贫搬迁合力。

二、稳得住

（一）因地制宜搬迁安置，积极稳妥拆除旧房

安置点的选择直接关系到搬迁人口的社会适应和融合、生产生活系统的调整与重构，以及迁入地的可持续发展。因此，政府相关部门除应考虑生态环境承载量，还要综合考虑社会、经济和文化等多种因素。民族地区要特别注意不同民族在历史文化、生活习惯、宗教信仰方面的差异。对于搬迁农户旧房拆除问题，不能操之过急，要在后续扶持措施中落实到位，农户在迁入地生计无忧后，再拆旧房断其“退路”，避免因旧房拆除引发的矛盾纠纷。对于因搬迁而闲置的宅基地，按照相关规定实行退出机制，原宅基地适宜复垦的要进行复垦，以补充耕地面积，复垦难度大、成本高的，应植树造林，修复生态。

（二）完善迁入地配套设施，增强社区归属感

易地扶贫搬迁作为一项关乎民生的惠民工程，应搞好搬迁后的各项安置工作，让搬迁群众在新家园记得住乡愁、有家乡温暖的归属感。安置区一般是功能齐全的新社区，在建设的过程中要坚持“四个同步”，即同步建设学校、医疗卫生服务中心、社区便民服务中心、电子商务服务站、农贸超市等配套服务设施；同步健全社区党组织，完善社区综合服务中心、警务室、信访维稳机构等基层组织体系；同步引入社区物业管理和社区管理服务人员；同步布设信息网络与监控设备，实施社区网格化管理。同时，要发挥第一书记的引领作用，从搬迁贫困户中选出政策掌握能力强的工作人员，使他们带头做好政策宣传、社区管理、矛盾调解和就业创业工作，提高社区服务管理水平和群众满意度。

三、能致富

（一）加强后续产业扶持，促进就业创业增收

一是针对安置区及其周边产业缺乏的问题，加大各类企业特别是劳动密集型

企业的引入力度，提供就业岗位。对安置区各类企业特别是产业园区新兴企业用工需求进行全面摸查，逐个企业对接落实就业岗位，优先安排扶贫搬迁人口就业。二是针对安置区产业结构单一、无特色支柱产业的问题，重点打造一批因地制宜、符合迁入地实际的特色产业，确保搬迁贫困户能从产业培育中脱贫增收。对于交通便捷、自然风光优美、民族风情醇厚、旅游开发价值大的迁入地，要利用搬迁人口、资源要素的重组与聚合，打造旅游休闲度假、民族特色手工艺品生产、农特产品加工等产业链，使贫困户在产业链发展中受益。三是对搬迁贫困户给予小额信贷、场地租用、减免税收等优惠政策，鼓励他们自主创业。

（二）树立自我脱贫意识，提高致富能力

要让搬迁群众抛弃“等、靠、要”的依赖思想，提振精气神，树立劳动脱贫、勤奋致富的观念，尤其对那些以往经过多轮扶持仍未脱贫的特困农户，要更加细心、耐心地做好后续扶持工作，鼓励他们重拾自我脱贫的信心。为使搬迁贫困户尽快适应新的环境，要积极主动做其思想工作，抽调力量组织专题讲座，激发他们的就业创业动力。对有劳动能力和就业意愿的搬迁贫困户逐户摸底，结合家庭情况和个人特长，依托周边餐馆、驾校、酒店、企事业单位等行业资源，设立行业性定点技能培训基地，组织开展个性化技能技术培训。

四、可融入

（一）推动公共服务延伸覆盖，建设包容型社区

要制定相关政策法规，挖掘易地扶贫搬迁与增减挂钩政策相衔接的潜力，用足用好这一政策，确保搬迁贫困户在身份置换过程中增收受益。围绕搬迁人口的市民化，制定切合扶贫搬迁实际的户籍转移政策，构建利益分享和资源分配机制，促进迁入地的就业、教育、医疗等公共资源开放共享。要完善城镇社会保险、社会救助、社会福利等社会保障体系，使之逐步向扶贫搬迁人口延伸覆盖，更好地发挥社会救助在易地扶贫搬迁中的兜底作用。要创建包容型社区，提高迁入地社区治理水平，将党建系统、法治体系、民族宗教工作等融入搬迁人口组成的新社区的建设与管理中，引导搬迁群众相互接纳、相互包容，理解和接受城市公共生活规范，使他们更快适应新的生活环境，顺利地从农民过渡到市民。

（二）保护与传承民族文化，营造多元共生环境

要尊重少数民族风俗习惯，在扶贫搬迁过程中给予一定的政策关照。在祖坟

搬迁处置问题上，应充分征求搬迁户的意见；在迁入地周边宗教场所、民族学校、民族音乐和歌舞剧院等建设方面，应照顾不同民族的文化习俗和生活习惯，合理规划布局，满足少数民族文化与宗教需求；对少数民族特色村寨，应制定硬性规定，要求“连泥带水”完整地搬迁，建旧如旧，保持原貌；在搬迁安置区住房设计风格上，应根据不同民族的审美传统和居住习惯，将功能性与艺术性融为一体，突出民族特色。要通过组织搬迁户开办刺绣、扎染、古法造纸、藤艺等手工作坊，传承精湛的民族技艺和艺术。发挥迁入地党委、政府的主导作用，将民族团结进步创建活动与易地扶贫搬迁有机结合，树立大团结、大融合的理念，组织开展群体性的文化活动，推动社区各民族的深度互嵌，不断深化对中华文化的认同。

第六章　民族地区教育扶贫：审思与建议

教育扶贫能够有效阻断贫困的代际传递。扶贫必扶智、治贫先治愚，把下一代的教育工作抓好，把贫困地区的孩子培养出来，是精准扶贫的根本之策。基础教育和职业教育在农村教育中所占比例很大，也是目前民族地区教育发展最薄弱的环节。构建“基础教育＋职业教育”的教育扶贫新格局，让少数民族贫困地区的孩子既享受优质的基础教育，又能通过接受职业教育掌握一技之长，为就业脱贫打下良好基础。

第一节　民族地区教育扶贫的迫切性与重要性

一、民族地区教育扶贫的急和难

中华人民共和国成立以来，党和政府高度重视民族地区教育发展，在普及九年义务教育、改善乡村教师生存状况、加强成人培训与扫盲，以及推动职业教育迅速发展等方面取得了巨大成就。然而，民族地区教育的整体水平不高，且区域之间不平衡，诸多制约教育发展的深层次问题依然存在。教育扶贫面临的急难问题主要表现在五个方面：第一，优质教育资源多集中在条件较好的城镇，县域内、城乡间的义务教育发展明显不均衡；第二，教育基础设施及办学条件较差，民族地区教育因历史欠账多，目前与全国平均水平还有很大差距，大部分乡镇学校没有配备音体美多功能教室、计算机教室、食堂、浴室等设施，寄宿制学校还不能达到一人一铺的标准，中心乡镇的学生人数增幅大，而教师编制紧张，师生比严重失调，大班额现象普遍，教师工作负担过重；第三，学生流失问题突出，以四川凉山彝族自治州为例，小学高年级和初中一、二年级学生流失最为严重，有的彝族聚居县初中学生流失率甚至达到了 7%；第四，中小学师资队伍量少、质弱、不稳定，偏远山区的村小和教学点由于环境艰苦、工作任务重、工资待遇低，住房、子女教育及就业等方面缺乏保障，一些优质师资外流，当地不得不聘用大量临时代课人员；第五，学前教育和职业教育薄弱，民族地区幼儿园的标准化建设迟缓，公办幼儿园与小学缺乏衔接，民办幼儿园的保教质量不高，尤其是民汉双语教师缺口大，教学过程中存在语言障碍，民族地区职业学校的实力普遍较弱，缺少专业特色和就业优势，有的学生直接放弃了就读机会。

二、民族地区教育扶贫的概念及意义

教育扶贫与其他扶贫相比的最大特点，在于教育本身不能立即转化为物质财富，而是必须尊重教育规律，经过一定的周期，进而提高人口素质、生成脱贫致富动力的一种先导性、内源式扶贫。民族地区教育扶贫是指通过提高少数民族贫困地区和贫困人口的教育质量与水平，使他们掌握脱贫致富的知识和技能，促进民族地区经济社会发展，达到推动教育发展和以教育发展引领脱贫攻坚双重目标的精准扶贫模式。概言之，民族地区既要发展教育、强基固本，又要以发展教育为动力来脱贫，实现扶教育之贫和依靠教育扶贫的协同联动。大力实施教育扶贫，可以改变一些地区长期不重视教育的落后观念，从根源上阻断民族地区贫困的代际传递。作为促进教育公平的一种手段，教育扶贫能够通过加大教育投入和政策扶持，帮助少数民族贫困人口提高科学文化素质，增强其脱贫致富的能力，对于保障起点、过程、结果的公平正义起到了积极作用。教育扶贫在很大程度上改善了东、中、西部，城乡，民族地区与非民族地区之间教育资源分配不均的状况，有助于促进民族地区可持续发展和实现同步小康。

第二节　民族地区基础教育扶贫的状况与思考——以青海省民和县为例①

青海省海东市民和回族土族自治县（简称民和县）辖 22 个乡镇、312 个行政村，居住着汉族、回族、土族、藏族等 14 个民族。少数民族人口为 26.53 万人，占全县总人口的 61.5%。该县有幼儿园 35 所（公办 1 所）、小学 39 所、教学点 185 个、初级中学 13 所、九年一贯制学校 17 所，有小学教师 1769 人、初中教师 1398 人。在校学生 71 080 人，其中在园幼儿 12 370 人、小学在校生 30 786 人、初中在校生 13 426 人。学前一年入园率 96%、学前三年入园率 75%，适龄儿童入学率 100%，初中适龄少年入学率 97.5%，九年义务教育巩固率 93.5%。现有建档立卡贫困村 125 个、贫困户 9187 户 37 132 人。截至 2017 年 7 月，全县实有贫困家庭学生 9570 人，其中学前阶段 1434 人、小学阶段 4039 人、初中阶段 1433 人。民和县教育局联点贫困村隆治乡张家村有贫困户 17 户 47 人，李二堡镇下藏村有贫困户 16 户 50 人。2017 年春季学期，共有贫困家庭辍学学生 45 人，截至 7 月底，已动员返校 24 人，尚有 21 名学生因外出打工、易地扶贫搬迁、早婚、入寺念经等原因未能劝返就读。

① 本节内容整理自课题组赴青海省海东市民和回族土族自治县教育局获得的调研资料。

一、民和县基础教育扶贫的措施与成效

（1）以促进教育均衡发展为核心，持续改善办学条件。在教育公共服务和教育管理两个平台建设方面，民和县共投资2623万元，覆盖各级各类学校143所。截至2016年底，已配备教师办公计算机1273台、计算机教室96个（共3216台计算机）、触摸式电视269个、语音播放设备400台、智慧课堂（一对一多媒体教室）2个。在教育基础设施项目建设方面，共实施项目98个，总投资2.69亿元，其中续建项目48个，投资1.38亿元，建筑面积5.49万平方米、运动场1.97万平方米；新建项目50个，投资1.31亿元，建筑面积3.67万平方米、运动场16.06万平方米。实施学前教育三年行动计划，共建成幼儿园31所（公办1所）、学前“走教点”105个、小学附设学前班85个。通过基础教育一体化建设，全县优质教育资源覆盖面不断扩大，城乡教育发展差距缩小。16周岁人口初等教育完成率达99%，15～50周岁人口非文盲率达99.8%，劳动年龄人口平均受教育年限达8.6年。

（2）以控辍保学和认亲帮扶为抓手，使教育扶贫落到实处。县教育局成立了控辍保学脱贫攻坚工作领导小组，层层落实责任，层层压实责任。在学校层面，成立了以校长为组长的控辍保学工作组，按照校领导班子成员包村、班主任包户、任课教师包人包学生的要求，签订目标责任书，逐户逐人开展义务教育阶段学生辍学情况的调查摸底和劝返入学工作。对因入寺念经、外出打工等原因辍学的学生，严格依据劝返、问责、学籍管理等制度，以及政府、学校、家庭、村支两委联保联控机制实施精准劝学。按照统一安排、一包到底、不脱贫、不撤除的要求，以初级或中级职称教师认亲帮扶1户贫困户、高级职称教师认亲帮扶1～3户贫困户为标准，发动4055名教职员工参与结对帮扶，人均入户帮扶3次以上，认亲帮扶率达98%。

（3）以推进教研教改为重点，提高整体教育质量。该县按照行政推动、全员参与、示范引领、以校为本的思路积极推进课堂教学改革，形成了以自主探究为主题的高效课堂教学模式。在教学质量偏低的中小学校开展教育视导、片区教研、同课异构、送教下乡、教学能手评选等活动，建立了市、县、片、校四级教学“改薄”驱动机制。现有3所学校在开足、开齐国家课程之余，还完成了国家课程的校本化任务，并借助相关课程资源，完善了学科教学教研体系。此外，该县还在川口镇中心学校、史纳学校、古鄯中学实施了课堂教学改革试点，邀请国内知名专家对全县中学校长、教务主任、教研员、骨干教师进行了新课程改革的专题培训，有效提高了教育教学质量。

（4）以师资队伍建设为中心，调动教师的积极性。依托国培、省培、跟岗研修等项目，民和县重点打造中小学校长、中层管理人员、教师（班主任）三支队

伍。2016 年全县共组织培训校长 99 人次、教师 3000 人次，其中 2 名校长被评为海东市“十佳校长”。组织 5007 名教师参加“中国电信校长网络培训”“数字教育资源全覆盖项目培训”“民和县教育云平台应用培训”等教学设备应用培训，提高了教师教学实操技能。探索实行乡镇中心学校“一校多点”的管理模式，建立教师编制动态管理机制，实施《民和县中小学机构设置和教职工编制分解方案》《民和县乡村教师支持计划（2015—2020 年）》，改善了乡村教师工作生活条件，使偏远山区教师队伍得以稳定。

（5）以促进教育公平公正为目标，有力执行惠民政策。通过对接农村义务教育经费保障政策和城市义务教育奖补政策，民和县建立了城乡一体的义务教育经费保障机制。2016 年义务教育教科书费全免，落实公用经费 4233.3 万元、学生营养餐费 2650.38 万元，下发农村义务教育阶段寄宿生生活补助金 994.2 万元。从 2016 年春季学期起，实施贫困家庭学生 15 年免费教育政策。2016 年，已按照小学每生每学年 20 元、初中每生每学年 34 元的标准免除了 44 203 名义务教育阶段学生作业本费 107.7 万元，下发学前三年免费教育补助金 781.6 万元。结合“雨露计划”、“金秋助学”和奖（助）学金、生源地助学贷款等政策，完善了贫困生资助体系，形成了全社会关心和支持教育的良好氛围。

二、民和县基础教育扶贫中的问题与思路

民和县在落实教育惠民政策、改善贫困村办学条件，以及促进联点村贫困户脱贫等方面取得了积极成效，但目前也面临一些实际困难。例如，贫困村学生家长满足于现状，对教育脱贫的重要性认识不够，易导致贫困家庭学生辍学打工、早婚等；由于偏远山区条件艰苦，许多优秀师资人才难留，优质教育资源紧缺；部分贫困村教育基础设施仍然滞后，教育信息化水平低；随着大量人口进城务工，偏远民族地区生源减少，教学点分散化加剧，教学成本攀升，同时人口集中的县城、集镇的教学资源又相当紧张。为此，该县应从以下四个方面入手，确保教育扶贫取得实效：一是巩固控辍保学和认亲帮扶成果，要将结对认亲帮扶活动和贫困家庭学生辍学摸底工作相结合，一旦发现辍学现象，立即采取有力措施，确保学生返校就读，强化与学校所在地党委政府的联系，采取灵活多样的形式宣传政策法规，提高家长对适龄儿童接受义务教育的重要性和必要性的认识；二是促进联点贫困村、贫困户脱贫，按照相关要求，对驻村工作队和第一书记教育扶贫的成效进行考核，考核优秀的，在机关干部选拔任用时优先考虑，并进行表彰奖励，考核不称职的，严肃问责，对工作不实、群众意见大的，要给予处分；三是完善贫困乡镇教育基础设施，继续实施“改薄”计划及附属工程、幼儿园改造、薄弱小学改造、初中校舍改造、教师周转房建设等项目，进一步缩小城乡、区域、校

际之间的教育发展差距；四是提高教师教育教学能力，通过集中培训、跟岗研修、远程培训、送教下乡、专家辅导、校本研修等方式，实现全县学校校长和教师全员轮岗培训，加强音体美紧缺学科教师培养，提高贫困学生综合素质，推进“三个网络课堂”（名师课堂、名校课堂、专递课堂[①]）建设，使优质教育资源向乡村学校、教学点辐射。

三、我国民族地区基础教育扶贫的政策建议

（一）加大对民族地区基础教育的投入

民族地区各级政府要加大对基础教育的财政投入，建立中央、省（自治区）、地（市、自治州）三级农村义务教育经费的财政共担机制，将贫困县纳入中央和省级财政保障范围，保证少数民族贫困地区中小学公用经费达到国家规定的基准定额。加强整体统筹与机制衔接，实现民族地区基础教育经费落实到位并逐年增长，同时考虑物价上涨等因素，适度提高贫困地区营养餐补助标准和奖（助）学金标准。打破教育经费投入模式单一的局面，引导金融和社会资本参与民族地区基础教育投入。现阶段，完全依赖国家财政拨款的形式来弥补少数民族贫困地区基础教育经费缺口是不现实的，必须走多渠道筹资的道路，通过设立国家和地方基础教育基金，将社会闲散资金聚集起来，在保证基金增值的前提下弥补教育投入的不足。

（二）加强民族地区乡村师资队伍建设

以乡镇为单元建设乡村教师活动中心、信息化教学服务中心等，不断缩小城乡中小学教师在生活待遇和工作条件上的差距，解决偏远教学点教师吃饭难、住宿难及办公条件差的问题。完善民族地区乡村教师的工资与补贴制度，适当提高工资标准，在职称（职务）评聘、表彰评选等方面，优先考虑具有乡村学校或薄弱学校任教经历的教师，鼓励更多的优秀教师到贫困地区从教。以县域为范围，促进城乡教师岗位平衡，重点向贫困地区倾斜。例如，部分师范大学实行的顶岗实习政策有助于缓解偏远民族地区师资不足的问题，免费师范生和大学生毕业后直接补充到民族地区乡村教学一线，既可以优化师资结构，又有利于提高当地教学质量。

① 专递课堂是指利用网络同步上课的方式，让偏远地区上不齐课、上不好课的农村学校与教育资源丰富的城镇学校同上一堂课，实现优质教育资源共享、促进教育均衡发展的网络化课堂教学模式。

（三）加快推进民族地区基础教育信息化

结合宽带中国、贫困村信息化、电商扶贫等工作，推动民族地区薄弱学校互联网接入，将信息化基础设施纳入民族地区学校建设标准和基本办学要求中。在民族地区开展“一师一优课、一课一名师”活动，普及基础教育信息化教学的常态化应用，用好存量数字资源，采取多种方式为教学应用提供服务，有效解决教育信息化资源闲置问题。鼓励企业和社会机构围绕教学改革和师生需求，开发一批专业化教学工具及软件资源库，如民族地区理科基础数字库、民汉双语教育数字库等。加快推进数字资源网络推送和卫星直播，探索卫星双向应用试点，在偏远民族地区学校开展互动传送活动，实现各分散教学点数字资源全覆盖，让贫困山区学生共享优质的教育资源。

（四）加紧做好民族地区控辍保学和教育救助

发挥驻村干部、结对帮扶干部的优势，摸清建档立卡贫困家庭学生情况，对辍学原因进行研判，因户因人分类施策。例如，对因家庭原因辍学的，要帮助解决贫困家庭的后顾之忧，在享受低保、医疗保险、惠农补贴等方面予以照顾；对因学生主观原因辍学的，实行学校领导、班主任、任课教师分层包片的控辍保学责任制，将控辍保学完成情况作为绩效考核、评优评先和职务晋升的参考，通过家访、心理辅导等方式加强师生的交流，帮助学生克服厌学心理，引导其重返校园；对因家长观念落后辍学的，要加强普法教育，尤其对于早婚、入寺念经等引起学龄儿童辍学的，要发挥村干部、少数民族及宗教界代表人士的积极作用，协助宣传教育，使家长更新观念，主动送孩子上学。

第三节　民族地区职业教育扶贫的状况与思考——以贵州省铜仁市为例[①]

铜仁市位于黔东北部武陵山片区区域发展与扶贫攻坚的重点地区。全市面积1.8万平方公里，总人口437万人，有汉族、侗族、土家族、苗族、仡佬族等29个民族，少数民族占总人口的70.45%。截至2017年6月，铜仁市共有高等职业（简称高职）（专科）院校4所，包括高职3所（民办1所）、专科学校1所（幼专）；中职学校共17所（含附设中职班3所）；高职（专科）院校所属中职部3个、市

① 本节内容整理自课题组赴贵州省铜仁市教育局获得的调研资料。

特殊教育学校中职部 1 个。其中，国家级示范中职学校 2 所、国家级重点中职学校 1 所、省级示范中职学校 3 所、省级重点中职学校 4 所。全市中职学校在校生 35 906 人、高职（专科）院校在校生 19 641 人。中职学校有教职工 2015 人，专任教师 1856 人，“双师型”教师 454 人，副高级职称 119 人、中级职称 228 人、初级职称 50 人，外聘教师 262 人；高职（专科）院校有教职工 1556 人，专任教师 1352 人，“双师型”教师 577 人。中职学校开设农林牧渔、土木水利、加工制造等 15 类 54 个专业。高职（专科）院校开设 60 多个专业，其中铜仁职业技术学院设立有 13 个二级学院，开设 46 个专业；铜仁幼儿师范高等专科学校设立学前教育、初等教育等 5 个二级学院，开设 12 个专业；贵州工程职业学院开设电子商务、汽车应用与维修、高铁乘务等 17 个专业；贵州健康职业学院首批招生专业为护理、药学、康复治疗技术、健康管理 4 个专业。

一、铜仁市职业教育扶贫的措施与成效

（1）实施职业教育质量工程建设，夯实基础能力。“十二五”期间，铜仁市大力实施“9 + 3”计划[①]，投入资金 25 亿元共完成 8 所中职学校基础设施建设项目，新增校园面积 60 多万平方米、校舍面积 90 多万平方米，购置 2.41 亿元的实训设备，中职办学条件得到改善。在全省率先建成川硐教育园区，吸纳铜仁学院、铜仁职业技术学院、铜仁幼儿师范高等专科学校、铜仁第一中学等学校入驻，还筹资 10 亿元新建贵州健康职业学院，形成了“教城一体”的职业教育发展格局，促进了职业教育与新型城镇化的互动发展。

（2）多措并举强化中职控辍保学，扩大招生规模。铜仁市将职业院校招生工作与职业教育精准扶贫相结合，实行“双线”目标责任制，即各级政府精准扶贫目标责任制与教育系统控辍保学目标责任制并轨，推广初中应届毕业生“注册入学”就读中职的方式，不断拓宽中职招生范围。动员和组织社会、家庭、企业等力量参与控辍保学，中职学校在校生流失率控制在 10%以内，2010～2016 年，全市中职在校学生增加了 10 530 人。

（3）对接区域产业发展需求，突出办学特色。铜仁市结合黔东工业聚集区、环梵净山“金三角”文化旅游创新区、乌江经济走廊等战略，按照总体规划、分步实施、重点突破的原则，调整职业院校空间布局，优化资源配置，科学设置专业，提高了职业教育办学质量和效益。其中铜仁市碧江区中等职业学校、铜仁市交通学校、铜仁市旅游学校、乌江电子科技学校、黔东北生

① 2013 年贵州省印发《关于实施教育“9+3”计划的意见》，提出在巩固九年义务教育的基础上发展三年免费中职教育，并选定 115 所中职启动了试点工作。

物药业学校、武陵山民族艺术学校、黔东营养健康学校办学特色鲜明，实现了差异发展、错位发展、特色发展。

（4）注重人才引进和培训，加强师资建设。铜仁市从应届大学毕业生中招录优秀人才到职业学校任专业课教师，聘请行业、企业技术专家和社会能工巧匠作为兼职教师，有效充实了师资力量。2010～2016 年，全市中职、高职学校专任教师人数分别增加了 1768 人、987 人。铜仁市教育局还实施了职业教育师资素质提升计划，定期选派教师到企业工厂观摩学习，安排青年教师到高职院校进修培训，孵化培育出一批中青年骨干教师和学科专业带头人，为职业教育发展提供了师资保障。

（5）构建现代职业教育体系，深化校企合作。铜仁市依托产业转型与发展，以统筹规划、互惠互利、合理设置、全面开放、校厂合一、设备共用、资源共享为原则，加强职业学校与产业园区合作，推广“产业园区＋标准厂房＋职业教育”的办学模式，实现招生即招工、就读即就业。根据产业发展和企业用工变化，适时调整专业设置，做到“企需校配、校缺企补”。采取园区技术人才与职业院校骨干教师互派、兼职、交叉任职等方式，实现基础设施与产业聚集配套、教育教学与产业需求配套、学校发展与产业定位配套。

（6）创新职校集团化办学，增强服务地方发展的能力。铜仁市以铜仁职业学院为龙头，组建成立职业教育集团学校，将区（县）中职学校整合为职业教育集团学校的分校，通过高职引领中职，提高了职业教育服务地方发展的能力。该市不断完善合作办学机制，推动职业教育向规模化、集团化、品牌化方向发展，形成了政府主导、行业支持、企业参与、多元办学的模式。

二、铜仁市职业教育扶贫中的问题与思路

“十二五”期间，铜仁市职业教育发展在抓建设、扩规模上取得了阶段性的成绩，但与发达地区相比还有较大差距。据统计，该市中职学校校园、校舍面积分别缺少 31.04 万平方米、9000 平方米，实训设备资金缺口达 3.12 亿元。中职学校专业设置同质化现象突出，如开设学前教育专业的有 7 所学校，开设汽车运用与维修专业的有 12 所学校。近年来，一些学校为了完成招生任务，盲目增设新专业，甚至有的中职学校的某些专业不具备招生资格，但通过联合办学的方式变相招生，影响了人才培养质量。中职学校的生师比为 22∶1，尚缺专业教师 607 人，“双师型”教师人数不到专任教师总人数的一半，企业、行业外聘教师只占 26%。有的学校人才培养方案不切实际，课程计划、校本教研等与职业教育人才培养目标的关联度不高。不少学校没有建立实习实训基地，只能将实践课改为理论课，学生动手能力不强。此外，中职教育扶贫的覆盖面不广，2016 年就读中职学校的建档

立卡贫困家庭学生仅 5443 人，占在校生人数的 15.2%。贫困家庭子女就读职业学校的积极性不高，宣传及帮扶力度不够。

铜仁市职业教育改革应由规模建设转变为内涵式发展，通过加大设施设备投入、优化专业设置、强化师资队伍建设、加强校企合作，全面提高人才培养质量，从而更好地助推精准扶贫精准脱贫：第一，要把职业教育放在更加突出的位置，统筹推进职业教育与普通教育协调发展，市、县两级应成立职业教育工作领导小组，将职业教育发展情况纳入脱贫攻坚考核、各级教育部门年度绩效考核及教育督导的范围；第二，按照市级统筹、错位发展、专业互补的原则，严格专业申报和评审，进一步调整优化职业院校专业结构；第三，加大资金投入，完善教学设施和实训设备，促进办学条件达标升级，2017～2020 年，每年应安排部分职业教育发展专项基金用于职业院校实训基地建设，以改善办学条件；第四，推动职业教育内涵式发展，不断提高办学质量，构建现代职业教育发展体系，要加强职业院校专业建设，开展办学水平评估，科学制定人才培养方案，落实职业教育师资引进政策，加大专业教师的补充力度，强化专业教师培养和培训，建立教师教学工作激励机制；第五，加强教育、人力资源和社会保障、农业、旅游、扶贫等部门的合作，利用职业院校的教学资源，开展各类技能培训，为民族地区发展提供人才保障，实行工学结合、校企合作的培养模式，提高学生生产实践与社会实践能力。组建产学研联盟，将经济开发区、农业园区、旅游景区作为实习实训基地，推动职业教育与地方产业发展的深度融合，鼓励职业院校参与或兴办企业，对与行业企业共建技术工艺及产品研发中心、实验实训平台、技能大师工作室等予以政策支持；第六，实施职业教育“1 户 1 人 1 技能”计划，即每户至少有 1 人接受中职以上学历教育或通过接受职业技能培训后转移就业，或是挂靠 1 个龙头企业（合作社）接受农业产业化技能培训，以此增加贫困户工资性收入，消除农村“零就业”贫困家庭，实现职业教育培训 1 人、就（创）业 1 人、脱贫 1 户。

三、我国民族地区职业教育扶贫的政策建议

（一）提升职业教育吸引力

受传统思想影响，少数民族和民族地区群众对职业教育存在一定的偏见，有的甚至将职业教育视为二等教育，这给职业教育发展带来了诸多困难。各级教育主管部门要深刻认识到“抓职业教育就是抓经济、抓职业教育就是抓扶贫、抓职业教育就是抓就业、抓职业教育就是抓稳定”，做好职业教育宣传工作，引导群众转变观念，使他们进一步了解职业教育的优越性和对民族经济发展的适用性。加大对职业院校优秀毕业生创业事迹的宣传，让学生和家长全面了解

职业教育“就业有优势”的特点，树立技能改变命运的观念，营造有利于职业教育发展的社会环境和氛围。要降低职业教育入学门槛，推行“注册入学”政策，采取“9 + 3”免费职业教育、“2 + 2 + 1”中高职一体化办学方式，实现基础教育与职业教育无缝对接。加大对民族地区职业院校学生的补助力度，特别是对建档立卡贫困户子女，在免除学费的同时提高他们的生活补助标准。针对职业院校因吸引力不足而导致辍学的学生，要建立健全台账，完善控辍保学机制，实施一对一帮扶。任课教师应不断改进教学方法，提高自身业务能力，用生动的课堂吸引学生，用优质的教育留住学生。

（二）加大职业教育投入

要以各级政府经费投入为主、企业职业教育经费投入为辅，适当利用税收优惠政策鼓励企事业单位、社会团体和公民个人捐资助学，保证民族地区职业教育有充足的经费支持。建立基础设施精准投入机制，改变过去“撒胡椒面”式的资金扶持方式，加大对偏远地区中职学校的资金投入，注重实训场馆及相关实训设施的建设与更新，增强实践教学的效果。加强职业院校宿舍、食堂等后勤设施的建设，为学生安心学习创造条件。目前，我国奖、助、贷、勤、补、免“六位一体”的职业教育资助体系已基本覆盖90%的中职生和20%的高职生，减轻了学生部分经济负担。但民族地区扶持力度不够，能继续求学的贫困学生比例低，即便有机会继续求学，其职业教育支出对于贫困家庭而言仍然负担较重。因此，在现有政策的基础上，应建立健全职业教育资助体系，加大对民族地区职业院校贫困生的资助力度，真正发挥职业教育的减贫与扶贫功能。要完善奖学金激励制度，通过设立新生奖学金为优秀职业院校生源提供奖励，吸引更多贫困生就读。建立多层次、多类型的普通奖学金体系，营造比、学、赶、帮的学习氛围，激励学生掌握过硬的职业技能，为就业创业打牢基础。

（三）优化职业教育专业设置

对民族地区职业院校现有专业进行综合性评估，将学生就业、创业及职业教育脱贫效果纳入专业评价体系，通过调、并、撤、增，实现专业设置动态优化，以适应不断变化的社会需求。对民族地区同类型职业院校中相同或相近专业予以横向比较和分析，采取滚动式教学管理和专业考核，优胜劣汰，避免盲目开设专业或同质化竞争。深度契合民族地区的经济结构，提高人才培养的针对性，有前瞻性地开设新专业，满足产业链条变动，承接产业转移、新的产业分工、产业集群发展等对人才的需要。民族地区扶贫开发离不开技术、管理等智力支持，职业院校应及时设立相关专业，开展定向人才培养，推动产学研联动创新，助力产业转型升级。开设就业前景好的专业，促进职业教育扶贫与其他扶贫模式对接。例如，为便于易地扶贫搬迁贫困户就地就业，应开设烹饪、机电、驾驶、服装制作等周边产业发展急需的专业；为更好地传承创新民族文化和技艺，满足乡村旅游需要，应开设民族刺绣、民族歌舞、民族器乐、民族导游等特色专业；随着电商扶贫的深入开展，应开设电子商务、软件开发、网页设计、物流管理等应用型专业。

（四）加强职业教育师资队伍建设

积极引导教师深入企业，通过岗位培训、下厂锻炼、挂职顶岗、跟班研讨、导师带徒等多种方式，让教师可以在工作一线学习和掌握各种新工艺、新技术，不断提高实践操作水平，并鼓励其将最新的知识与技能引入课堂教学。要通过与企业合作开展项目研发、实习实训，促进教学与实践相结合，增强教师科技研发和社会服务能力。要加强少数民族贫困地区职业院校教师培训，在培训指标分配上，对贫困地区职业院校教师应适当照顾，精准识别培训对象，对特困地区教师实施有针对性的培训。结合民族地区实际需求，精准制订培训内容，将职业教育发展的新理念、新方法和新技术纳入培训内容。依托各种职业教育培训基地，通过集中讲授、咨询答疑、现场教学、参观学习等灵活多样的形式，提高培训实效。要根据学校发展水平、教师工作能力、指导学生创新创业等情况，实行绩效工资制度，提高教师的福利待遇。鼓励“双师型”教师投身科研创新、成果转化和自主创业，在提供专业咨询、知识产权转让、技术入股等社会服务中获得更多的智力回报。

（五）强化职业教育对口帮扶

在“请进来”方面，民族地区职业院校要引入东部地区先进的职业教育理念和经验，聘请特级教师、“双师型”教师以及在国内外专业技能大赛中获奖的高级技工来讲学、指导和培训。在引进新设备和新技术，特别是加强大型、特种教学仪器设备使用及维护等方面，东部地区应给予支援和帮助，建立教学资源共建共享机制，带动民族地区办学条件和教学质量改善。在“走出去”方面，民族地区职业院校要主动沟通联系，定期安排专业教师赴东部学习进修、参观考察、挂职锻炼，组织骨干教师参加理论研讨、技能培训、社会实践，提高教学水平和质量。通过联合培养、访学、实习等形式，支持民族地区贫困学生到东部发达地区开阔视野，掌握最新的知识技能，以获得更多的就业机会。

（六）深化职业教育校企合作与产教融合

要瞄准企业用人需求，在人才培养目标制订、专业课程设置、实习实训指导等各个教学管理环节吸纳企业参与，尝试双主体办学、多元投入的校企合作新模式，以“订单式”人才培养为导向，保障贫困学生毕业后有工作，解决就业难和用工荒并存的问题。通过引企入校、引研入校，校企共建实习实训基地、技术研发团队、创新创业团队，邀请工程师、高级技工、项目经理担任兼职教师，开展教学研究、课程改革、科技攻关，使校长变厂长、教师变师父、学生变徒弟、作业变产品、课堂变车间。将大国工匠精神和理念融入技能型人才培养的全过程，以满足企业对特殊人才的需求，促进学生高质量就业，实现校企双赢。民族地区职业院校要淘汰落后的教学内容与方法，积极采用产业、行业、团体的新标准。以真实工作的情境教学取代仿真模拟的实习实训，让职业院校贫困学生自觉、有效地融入产业活动，促使他们由一般的技术工人转变为职业专家。此外，政府也要发挥“穿针引线”的作用，引导搭建校企合作、产教融合的平台，提供及时有效的市场信息和公共服务，并制定相应的法律法规，从政策层面给予支持。

第七章　民族地区健康扶贫：愿景与思路

通过全面实施健康扶贫工程，贫困地区医疗卫生状况明显改善，因病致贫、因病返贫得到有效遏制。然而，由于城乡及地区发展不平衡，现阶段我国民族地区医疗卫生服务仍然存在量不足、质不高，资源布局与结构不合理，基层医疗卫生机构的基础设施和设备落后，以及医疗保障体系和机制不健全、不完善等问题。面对机遇与挑战，民族地区健康扶贫工作需对接健康中国战略愿景，践行精准健康扶贫理念，在医疗卫生改革的背景下系统思考、协同推进。

第一节　民族地区健康扶贫的概念、目标及意义

一、民族地区健康扶贫的概念

目前，关于健康扶贫的研究尚处于起步阶段，从学界现有成果来看，其视角大致有三个：一是主体视角，有学者认为，作为健康扶贫主体的政府部门，要加大卫生资源投入，提高医疗机构的服务水平，建立覆盖贫困人口的医疗保障体系，开展健康知识普及工作，提高贫困人口的健康素养；二是客体视角，有学者指出，健康扶贫是变对贫困患者的生存援助为发展支持，要既注重资源上的支持，又注重权利、机会、能力方面的保障，既注重卫生基础设施建设、医疗服务供给和医务人员培训，又注重健康教育、科学生活方式培养与社会保障体系构建；三是过程视角，还有学者通过探究医疗卫生体系、公共卫生体系、社会保障体系中的各个主体、要素、制度之间的衔接及运转机理，认为应坚持政府主导、多部门协同的多元健康扶贫理念，加强公共卫生与医疗服务体系建设，建立多路径的健康保障体系。借鉴上述观点，本书认为，民族地区健康扶贫是指为防止因病致贫、因病返贫，以政府部门为主导，统筹各方力量，围绕精准到户、精准到人、精准到病，采取分级诊疗、分类救治、多层兜底等一系列救助措施，保障民族地区贫困人口享有均等基本医疗卫生服务，以实现治好病、断穷根的精准扶贫模式。

二、民族地区健康扶贫的目标和意义

2016 年，中华人民共和国国家卫生和计划生育委员会等 15 个部门联合印发

《关于实施健康扶贫工程的指导意见》，对实施健康扶贫工程的目标已有明确规定，即到 2020 年，贫困地区人人享有基本医疗卫生服务，贫困人口大病得到及时有效救治，个人就医费用负担大幅减轻；贫困地区重大传染病和地方病得到有效控制，基本公共卫生指标接近全国平均水平，人均预期寿命进一步提高，孕产妇死亡率、婴儿死亡率、传染病发病率显著下降；连片特困地区县和国家扶贫开发工作重点县至少有一所医院达到二级医疗机构服务水平，服务条件明显改善，服务能力和可及性显著提升；区域间医疗卫生资源配置和人民健康水平差距进一步缩小，因病致贫、因病返贫问题得到有效解决。少数民族贫困地区要实现这个目标，任务十分艰巨，有必要深入研究健康扶贫在民族地区实施过程中所面临的重点、难点问题。

加快推进健康中国建设，是时代发展的迫切要求，也是人民的共同期盼。没有全民健康就没有全面小康。健康中国是全民健康，欠发达、贫穷、边远地区一个都不能少。跟全国平均水平相比，一些少数民族地区、边疆地区医疗卫生资源明显不足，医疗卫生服务能力不能满足群众的健康需要，这已成为健康中国建设最突出的短板。将人民健康放在优先发展的战略地位，将以治病为中心转变为以健康为中心，这既是健康中国建设的内在要求，也是建立“大健康”扶贫格局的现实逻辑。健康扶贫有助于统筹推进民族地区医药卫生体制改革，深化公立医院综合改革，协同推进医疗服务价格调整、城乡医保支付方式改革、医疗机构控费、公立医院补偿机制改革，有利于从根本上保障民族地区贫困人口的健康权，最终实现少得病、晚得病、不得大病、得了病能够得到科学有效医疗救治的目标。在各项扶贫行动中，健康扶贫是“1”，其他扶贫方式是“0”，有了“1”扶贫效果才能倍增。如果没有健康扶贫托底，即使贫困户实现了增收，也可能在因病失能、创收困难和医疗支出负担的叠加作用下迅速返贫。因此，健康扶贫对于民族地区打赢脱贫攻坚战、全面建成小康社会意义重大。

第二节 民族地区健康扶贫的“南北经验”①

一、南方山地民族地区健康扶贫的酉阳经验

重庆市酉阳土家族苗族自治县（简称酉阳县）位于渝鄂湘黔四省市结合部，东邻湖南省龙山县，南与贵州省松桃县、印江县接壤，西与贵州省沿河土家族自

① 本节内容整理自课题组赴重庆市酉阳土家族苗族自治县卫生和计划生育委员会、内蒙古自治区乌兰察布市卓资县卫生局获得的调研资料。

治县隔乌江相望，北与湖北省咸丰县、来凤县相连，素有“渝东南门户、湘黔咽喉”之称。该县总面积为5173平方公里，辖37个乡镇、2个街道、278个行政村（含8个社区），总人口86.04万人，其中包括17个少数民族共79.04万人，占总人口的91.86%。酉阳县属于武陵山区，地势中部高，东西两侧低。北部老灰阡梁子为最高点，海拔1895米；西部董家寨为最低点，海拔263米。其地形起伏较大，具有典型南方山地地貌特征。该县以农业为支柱产业，经济基础较弱，是重庆市14个国家级贫困县之一。2015年全县城镇居民、农村常住居民人均可支配收入分别仅为全国平均水平的65.5%和63.5%。全县现有建档立卡贫困户6420户25 286人，其中因病致贫2681户10 559人、因残致贫346户1363人，分别占总贫困人口数的41.76%和5.39%。

（一）构建完备的医疗保障体系，实现农村贫困人口全覆盖

酉阳县着力完善农村贫困人口就医流程（图7-1），从门诊、住院、卫生医疗困难救助基金等方面构建了一套多维度、全方位的医疗保障体系，将偏远山区贫困群众全部纳入医保范围，实现应保尽保，不丢下一个贫困户。

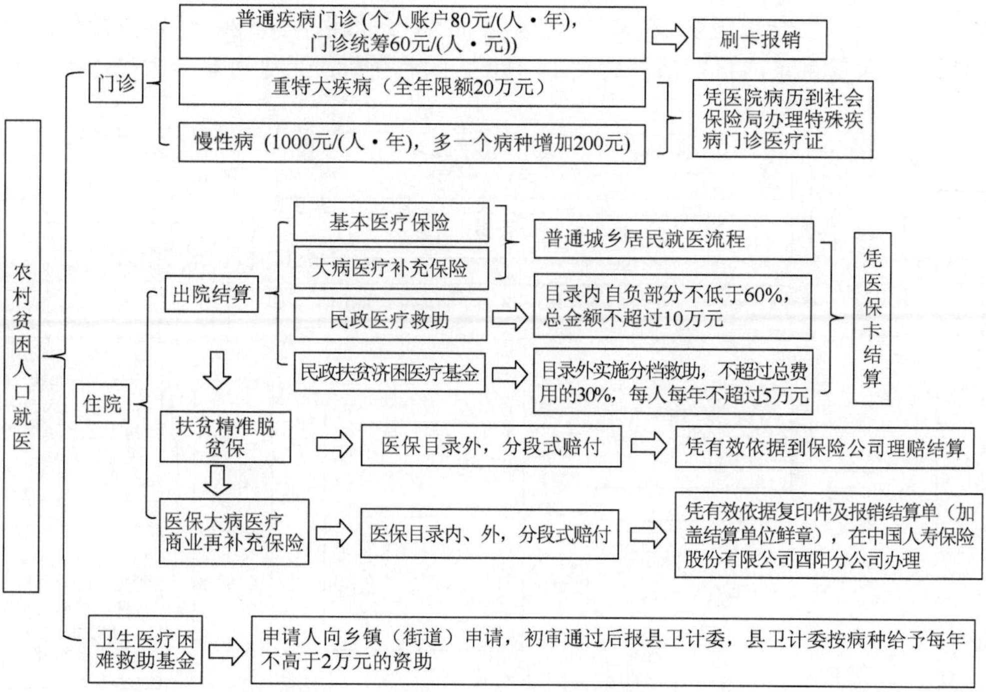

图7-1　酉阳县农村贫困人口就医流程图

1. 门诊

普通疾病门诊每人每年需缴纳 80 元预存到个人医保卡账户，贫困群众在医院就诊时，所有医疗费用通过刷医保卡每人每年可报销 60 元。患有重特大疾病或慢性病的贫困群众在医院就诊报销时，需凭医院病历，前往社会保险局办理特殊疾病门诊医疗证，其中重特大疾病患者全年可报销金额不超过 20 万元，慢性病患者每人每年可报销 1000 元，每多一个病种还可以增加 200 元的报销费用。

2. 住院

贫困患者住院后的报销流程是：先办理出院结算手续，然后通过扶贫精准脱贫保报销，最后再通过医保大病医疗商业再补充保险进行补偿。

（1）出院结算。贫困患者出院结算时，可按照基本医疗保险、大病医疗补充保险、民政医疗救助、民政扶贫济困医疗基金的相关规定，一一对应报销。

如图 7-2 所示，基本医疗保险和大病医疗补充保险报销办法参照酉阳县普通城乡居民就医流程中的住院类型执行。一档每人每年缴纳 140 元医保费，可累计报销 8 万元；二档每人每年缴纳 350 元医保费，可累计报销 12 万元。不同级别医院住院的医保目录内报销比例分别是：一档一级医院 80%、二级医院 60%、三级医院 40%；二档一级医院 85%、二级医院 65%、三级医院 45%。基本医疗保险报销后，若医保目录内自费部分达到 14 188 元的起付标准，则可享受大病医疗补充

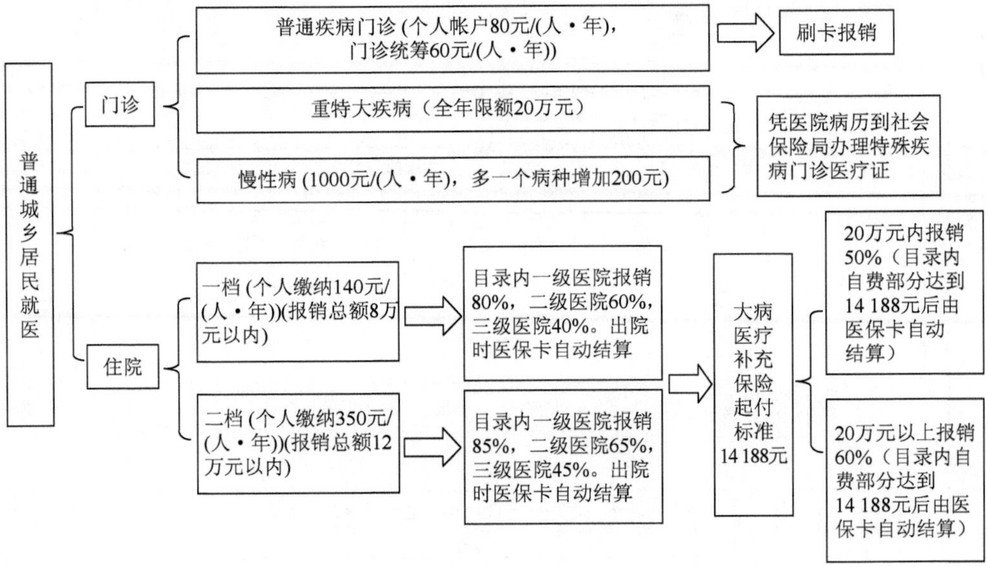

图 7-2　酉阳县普通城乡居民就医流程图

保险报销政策，即贫困患者住院总费用在 20 万元内的可报销 50%，超过 20 万元的可报销 60%。

除基本医疗保险和大病医疗补充保险，贫困患者还可获得民政医疗救助，即医保目录内自费部分可报销不低于 60%、总额不超过 10 万元的费用。已纳入民政救助系统的低保、五保、孤儿，以及乡镇重点优抚对象、重度伤残人员、民政部门建档的其他特困人员、家庭经济困难的在校大学生和因病致贫家庭的重病患者等，可申请民政扶贫济困医疗基金救助，即医保目录外的自负费用单次超过 3000 元，且占总费用 30%以内的，每人每年可获得最高金额不超过 5 万元的救助（表 7-1）。

表 7-1　酉阳县民政扶贫济困医疗基金救助情况

救助对象	救助费用类别	救助标准线	救助最高限额
农村贫困人口，纳入民政救助系统的低保、五保、孤儿，以及乡镇重点优抚对象、重度伤残人员、民政部门建档的其他特困人员、家庭经济困难的在校大学生和因病致贫家庭的重病患者等	医保目录外的自负医疗费用	单次自负费用超过 3000 元，且自负医疗费用占总费用不超过 30%；超过 30%的，只对自负费用 30%以内的费用予以救助	5 万元/(人・年)

（2）扶贫精准脱贫保。如表 7-2 所示，住院贫困患者在医保目录外自费医疗费用按比例进行分段式赔付，并凭有效依据到保险公司申请理赔。已参加扶贫精准脱贫保的贫困人员因病住院发生的医保目录外自费医疗费用，可按以下比例实行分段式赔付：5000 元（含）～2 万元按 30%的比例赔付；2 万元（含）～5 万元按 40%的比例赔付；5 万元（含）以上按 50%的比例赔付，每人每年最高赔付额为 15 万元。

表 7-2　酉阳县扶贫精准脱贫保分段赔付情况

赔付范围	赔付标准线及赔付比例		赔付最高限额
因病住院发生的医保目录外自费医疗费用，按比例实行分段式赔付	5000 元（含）～2 万元	30%	15 万元/(人・年)
	2 万元（含）～5 万元	40%	
	5 万元（含）以上	50%	

（3）医保大病医疗商业再补充保险。为切实保障大病贫困患者病有可医，酉阳县对已参加医保大病医疗商业再补充保险的贫困人员实行分类分段式补偿，如表 7-3 所示。在医保目录内住院医疗费用中，城乡居民医保政策和大病保险政策补偿后的剩余部分，补偿标准及比例为：5000 元（含）～2 万元按 30%的比例赔付；2 万元（含）～5 万元按 50%的比例赔付；5 万元（含）以上按 70%的比例赔

付，每人每年最高赔付额为 10 万元。在医保目录外住院医疗费用中，民政扶贫济困医疗基金救助和扶贫精准脱贫保赔付后的剩余部分，补偿标准及比例为：5000 元（含）～5 万元按 20%的比例赔付；5 万元（含）以上按 25%的比例赔付，每人每年最高赔付额为 5 万元。贫困患者在医保目录内和目录外的自费医疗费用按比例凭有效依据（住院发票等）复印件及报销结算单（加盖结算单位鲜章），到中国人寿保险股份有限公司酉阳分公司办理赔偿手续。

表 7-3　酉阳县医保大病医疗商业再补充保险补偿情况

补偿范围	补偿标准线及补偿比例		补偿最高限额
医保目录内住院医疗费用中，城乡居民医保政策和大病保险政策补偿后的剩余部分	5000 元（含）～2 万元	30%	10 万元/(人・年)
	2 万元（含）～5 万元	50%	
	5 万元（含）以上	70%	
医保目录外住院费用中，民政扶贫济困医疗基金救助和扶贫精准脱贫保赔付后的剩余部分	5000 元（含）～5 万元	20%	5 万元/(人・年)
	5 万元（含）以上	25%	

3. 卫生医疗困难救助基金

住院贫困患者可向乡镇（街道）申请，在初审通过后上报，由县卫计委按病种给予每年不高于 2 万元的救助。

2017 年 6 月，酉阳县制定出台《健康扶贫工程实施方案（试行）》，启动实施了降低医保起付线、实行贫困人口动态调整等一系列新举措。例如，农村贫困人口在酉阳县级医院居民医保住院报销起付线降低 50%，即酉阳县人民医院、酉阳县妇幼保健计划生育服务中心、酉阳县精神病医院报销起付线由 300 元降至 150 元，酉阳县中医院报销起付线由 100 元降至 50 元；城乡居民大病保险起付标准降低 50%，即由 14 188 元降至 7094 元，这进一步提高了医疗保障水平，大幅减轻了贫困人口医疗费用负担。再如，对突发重大疾病造成家庭困难且达到国家规定的贫困标准线的非贫困人口，按规定在贫困人口动态调整中纳入建档立卡范围，使其能享受健康扶贫工程的优惠政策。截至目前，全县建档立卡贫困患者居民医保参保率达 100%、医保大病医疗商业再补充保险参保率达 100%、贫困患者县域就诊率达 91.5%，定点医疗机构全部设立综合服务窗口，贫困患者看病就医更加便利。

（二）依托流动的医疗卫生服务，化解贫困山区群众就医难题

酉阳县地处武陵山腹地，一些偏远乡村由于交通不便、地广人稀，看病就医

的地理可及性较差，生病不就医、难就医现象突出。近年来，该县实施精准医疗，变坐诊为巡诊，通过提供流动的医疗卫生服务，有效解决了长期以来贫困山区缺医少药和群众看病难的问题。2016 年 8 月 3 日，“健康快车——香港光明号”停驻酉阳县麻旺火车站，并在山间小镇停留了 3 个月，专为贫困白内障患者提供免费救治。酉阳县卫计委积极配合，主动向重庆市黔江民族医院借调两名眼科专家，以酉阳县人民医院眼科骨干为主力，抽调县内各医院 25 名医护人员组成流动医疗队，走村入户开展白内障筛查及治疗行动。该项目在酉阳县境内共成功完成白内障复明手术 740 例，患者年龄最小的仅 11 岁，最大的已 89 岁，其中两例为先天性白内障，手术难度大，但术后均恢复良好。所有患者全部采用白内障超声乳化术，未出现一起并发症及医患纠纷。通过精确到户、精确到人的分类救治，“健康快车”被当地群众亲切地称为“健康驿站”。

中华健康快车基金会还在酉阳县创设了眼科治疗中心，投入专项资金 100 余万元用于购置先进的医疗设备，帮助眼科骨干提高诊疗技术，使“健康快车”项目更好地惠及山区贫困患者。在“健康快车”项目的资助下，酉阳县人民医院五官科已逐步发展为以眼科白内障手术为特色的重点科室，配备有角膜曲率计、德国海德堡光学相干断层扫描仪（optical coherence tomography，OCT）、拓普康 OMS-90 进口眼科显微镜、瑞士傲帝超声乳化仪等先进诊疗设备。先后两批眼科骨干医生赴北京接受权威专家手把手的临床教学指导，为眼科治疗中心持续开展医疗服务培养了专业人才。酉阳县人民医院在小切口白内障摘除加人工晶体植入术、白内障超声乳化术等领域已取得长足进展，其眼科实力居渝东南片区医院前列。

（三）打造医联体，促进城乡医疗资源均等共享

重庆医科大学附属第一医院是重庆市影响力最大、设备最先进、技术实力最强，融医疗、教学、科研、预防、保健及涉外医疗为一体的大型重点综合性教学医院，也是全国较早参与医联体试点的三级甲等医院。2013 年，酉阳县人民医院挂牌为重庆医科大学附属第一医院酉阳医院，正式启动医联体建设。通过专家下沉、人才培养、远程会诊、双向转诊、信息共享等多项新措施，优化了城乡医疗资源配置，创新了纵向合作的分工协作模式，提升了酉阳县人民医院的医疗服务水平。重庆医科大学附属第一医院每年选派 10 名专家常驻酉阳县，对口开展教学讲座、病例检查、手术指导、专家门诊等指导和帮扶，加强医疗及管理业务的沟通与交流，开辟双向转诊通道，实现首诊在基层、大病转上级、康复回基层的分级诊疗和流程再造。对农村贫困人口大病和慢性病患者进行分类救治，实行 50 种常见病、慢性病基层医疗机构首诊试点，并根据不同等级医院的转诊指标、规范和流程，通过设置不同报销比例等措施推进转诊对接。强

化医联体与残疾人专业康复机构的有效衔接，增强了酉阳县残疾人康复中心为贫困残疾人提供精准康复服务的能力。加快推广远程医疗、预约诊疗、日间手术等医疗服务模式，推动在医联体内实现就诊卡和诊疗信息共享。此外，酉阳县还为每个农村贫困人口建立了电子健康档案和健康卡，为每户贫困户确定一名签约医生，通过全面推进医疗便民服务，让贫困患者在家门口就能享受优质便捷的医疗服务。目前，黑水、麻旺、李溪等乡镇卫生院也参与了医联体建设，覆盖偏远山区的三级医疗卫生网络已基本建成。2017 年 1～5 月，县级公立医院、乡镇卫生院总诊疗人次分别同比增长 7.45%和 8.79%。

二、北方草原民族地区健康扶贫的卓资经验

卓资县位于内蒙古自治区中部，隶属乌兰察布市，全县辖 3 乡、5 镇、898 个村民小组，总人口 21.9 万人，其中农牧业人口 17.4 万人。受草原气候环境、饮食结构和生活习惯等因素影响，草原农牧区居民中患高血压、心脑血管疾病、慢性阻塞性肺气肿病、关节病、糖尿病等疾病的比例较高。2015 年底，全县共有建档立卡贫困人口 12 179 人，其中，长期慢性病患者 4325 人，占全县贫困人口的 35.5%；因病致贫 5752 人，占全县贫困人口的 47.2%，高于内蒙古自治区平均水平 5 个百分点；60 岁以上的 5320 人，占全县贫困人口的 43.7%。偏远农牧区医疗条件落后，以及群众居住分散、交通不便，小病拖人病、大病无兜底、慢病不常治是致贫返贫的直接原因。近年来，卓资县在认真调研的基础上，通过探索实践，形成了三个到位干预、三级诊疗联动、三项机制保障、三项一站结算的“四个三”工作机制，在保障贫困群众看得上病、看得起病、看得好病方面取得了明显成效，较好地发挥了医疗健康的精准扶贫效应。

（一）三个到位干预

一是把健康档案建到位。为全县农村贫困人口进行免费健康体检，建立健康档案，将体检结果录入基本公共卫生服务信息系统，并创建医疗健康精准扶贫云平台，为健康扶贫提供数据支撑。二是把签约医生派到位。为每个贫困户指定一名签约医生，派送包括卫生防疫、健康管理、基本医疗等多项服务的健康自检服务包。组建县、乡、村三级医疗服务团队，订立家庭医生签约服务协议。签约家庭医生定期为贫困户免费送药，每月按时上门为贫困人口做基本体检，实现对贫困人口健康状况的动态掌握。三是把健康设施配到位。坚持填平补齐的原则，推进县级医院、乡镇卫生院、村卫生室标准化建设，乡镇卫生院配备了全自动生化分析仪、数字化直接成像（digital radiography，DR）系统、多普勒彩超等设备，

80%的村卫生室配备了健康一体机，各级医疗机构的服务条件明显改善，极大地方便了群众就近就医。

（二）三级诊疗联动

按照大病集中救治一批、慢病签约服务一批、重病兜底保障一批原则，卓资县建立了乡镇医院、县级医院、县以上医院三级诊疗联动服务机制，实施分类诊疗。对能够在县级医疗机构治愈的患者由家庭医生团队负责诊疗；对县级医疗机构诊断后治愈不了的患者通过信息平台直接转诊到上级医疗机构继续治疗；对治疗后需长期康复护理的由上级医院再转回到基层医疗机构。2016 年，在县级医院诊疗的贫困患者共计 621 人，转诊到县外医疗机构治疗的贫困患者共计 1160 人，有 4325 名慢性病贫困患者留在了乡村卫生院治疗，贫困人口县域内就诊率达到了 81%。

（三）三项机制保障

（1）贫困群众患病普惠保障机制。建档立卡贫困人口参加新农合，个人缴费部分由医疗保障基金全额补贴；建档立卡贫困人口参加商业医疗保险，个人缴费部分全部由医疗保障基金支付。

（2）贫困群众慢性病特惠保障机制。卓资县设立了药品直采直送的“七步走”流程：第一步，全县组织开展免费体检，精准确定贫困慢性病患者；第二步，由签约医生制订用药计划，合理引导使用城乡医保报销目录中的药品；第三步，签约医生逐级按月将贫困人口所需药品报送至卫生局，经卫生局汇总后实行统一采购，通过组织二次议价，使药品价格大幅降低；第四步，供药商垫付首次供药款，并直接将药品配送至乡镇卫生院；第五步，签约医生到乡镇卫生院领取药品后及时送药上门指导用药，同时收取患者 5%的自费部分费用上交乡镇卫生院；第六步，签约医生向乡镇卫生院提供药品结算单据，乡镇卫生院汇总后替患者报销医保结算，报销比例在 80%的基础上，再由医疗保障基金补足到 95%；第七步，签约医生每月随访患者两次，随时了解和掌握患者病情恢复情况，适时增减药物，及时进行必要的治疗。

（3）贫困群众大病兜底保障机制。对患大病的贫困人口，住院实际费用经基本医疗报销后，再由医疗保障基金补足到 90%以上。卓资县不断完善大病医疗救助补偿政策，对贫困人口医疗负担实行兜底保障：一是对建档立卡的贫困人口参加新农合个人缴费部分（120 元/人）由政府给予补贴；二是对住院治疗的贫困人口在基本医疗、商业保险结算报销的基础上，民政部门再给予可报销部分 10%的医疗救助补贴；三是建立贫困人口医疗保障基金，贫困人口住院的医疗费用，经基本医疗、商业保险、民政救助报销后不足 90%的，由贫困人口医疗保障基金予以补足。政策实施前，全县贫困人口医疗费用实际报销比例为 64.83%，贫困人口的医疗负担平均在 4000 元以上；政策实施后，2016 年，全县贫困人口累计住院治疗为 1278 人次，医疗总费用 1228 万元，基本医疗实际补偿费用为 727 万元，民政医疗救助 145 万元，贫困人口医疗保障基金发放 258 万元，贫困人口的医疗总费用实际报销比例达到了 92%以上，贫困人口的人均实际医疗负担降至 900 元。

（四）三项一站结算

在医疗救助体制结构中，新农合基本医疗补偿由县农村合作医疗管理委员会办公室（简称合管办）负责经办，医疗保障基金由县卫生局经办，大病保险由保险公司经办。县卫生局、合管办、保险公司在县政务服务中心和县人民医院设立“一站式”结算平台，涉及报销的各项医疗费用，均整合到两个窗口结算和支付。贫困人口在县外医疗机构住院发生的医疗费用，在县政务服务中心“一站式”平台结算；在县人民医院住院发生的医疗费用，在县人民医院“一站式”窗口结算；贫困人口由签约医生诊疗服务发生的医疗费用，由签约医生直接结算，有效解决了医疗救助中结算审批程序繁杂、报销多头奔波的弊端。

通过建立“四个三”工作机制，卓资县健康扶贫取得了积极成效。一是贫困群众受益了。全县实现了健康医疗规范化、服务对象精准化、救助扶贫惠民化、医疗保障兜底化，贫困人口整体医疗费用实际报销比例达到 90%以上，医疗负担减轻 30%左右，节约的低保金有效保障了贫困户的基本生活，尤其是大病和慢性病医疗费用大幅减轻，避免了因病返贫现象的发生。二是基层医疗搞活了。对于贫困群众来讲，普通疾病无须外出到大医院就医，签约医生送医送药到村入户，真正做到了小病不出村、大病有人包、慢病有人管，打通了公共卫生服务的“最后一公里”；对于乡镇卫生院来讲，通过为慢性病患者送药，可以获得 15%的药品零差价补助，签约医生每人每年还可领取诊疗费 7200 元。三是医保基金节省了。通过开展送医送药上门服务，实现了小病早治、慢病常治，避免了小病拖成大病，减少了住院报销费用，政府医保基金的使用更加有效。2016 年，经县卫生局与供药商二次议价，有 315 种品规确定的药价与药品配送企业平均销售价、药店销售价、省标网采价综合比下降 37.9%，基本医保补偿基金比 2015 年缩减了 730 万元。

第三节　民族地区健康扶贫的难点及思路

一、当前民族地区健康扶贫的难点问题

（一）基层医疗服务能力薄弱，贫困人口均等地享受优质医疗资源的难度较大

民族地区多分布于交通不便的偏远农村，基层医疗服务能力逐级减弱，县乡医疗机构的服务水平长期处于滞后状态，城乡之间医疗资源的不均衡导致贫困群众就医难。从医疗设施方面看，县医院、乡镇卫生院、村医务室现有的诊疗设备难以满足实际需要，疾病筛查不精准，治疗效果欠佳。从医疗卫生人才方面看，“下不去”“留不住”的问题并存，民族地区条件艰苦，大多数医科专业毕业生倾向于到条件较好的城市医院工作，不愿意深入基层从医；本地优秀的医务人员收入微薄、发展空间有限、保障措施不够，很难长期扎根基层。从医疗水平方面看，民族地区基层医务人员学历普遍偏低，专业技术水平不高，治疗重特大疾病和疑难杂症的经验不足，许多患者在基层医院无法得到有效救治，通常需要转诊，给民族地区贫困患者增加了就医成本。

（二）重大疾病报销比例偏低，报销种类范围有限，大病救助制度的托底功能较弱

民族地区特殊的环境导致地方病、重大疾病的发病率较高，高血压、糖尿病等慢性病患者较多，贫困人口医疗负担重。目前大病医疗报销门槛高，范围有限，只有符合政策规定的住院治疗的相关费用才能纳入医保报销，现行医保药品目录内的种类较少，很多对重大疾病、慢性病有较好疗效的药物不属于报销范围，费用主要由患者自付。就全国范围看，大病医保患者实际报销比例约为 70%，而少数民族地区实际报销水平低于全国平均水平。例如，海西蒙古族藏族自治州乌兰县因病致贫的农牧民苏某因双肾萎缩、衰竭，接受了肾移植手术，花费数十万元，且术后每月都需复查，还要长期服用抗排异的进口药物，尽管新农合和大病医保对他的住院费进行了报销，还享受了 6 万元的医疗救助和 2 万元的临时救助，但每月近万元的药物费用无法报销，因病致贫的问题没有根本解决。

（三）结算标准不统一、手续烦琐，异地就医难

我国各地医疗保险结算标准和协助经办机构的结算制度不统一，跨地域、跨

部门信息沟通不畅，医疗保险政策碎片化。不同省份医疗保险的起付线、自付比例、封顶线等政策不一，导致异地就医报销操作难度较大。民族地区的贫困患者异地就医需要先自行垫付医疗费用，再返回到参保地进行报销，而贫困家庭无力垫付巨额费用最终只能放弃医治。即便能够垫付，但报销手续烦琐，患者必须出示病历、住院记录、出院证明、费用清单等凭据，同时材料审核要求高，容易出现多次奔波于就医地与参保地的现象。各地医疗卫生健康信息没有联网，如体检、医疗、医保信息尚未对接，可能造成贫困患者重复用药、多次付费，以及医保资金重复支付，降低了医生劳动效率，加剧了看病难问题。

（四）疾病预防意识不强，特困人群医疗保健事业相对滞后

受特殊饮食习惯和生活习俗的影响，少数民族贫困人口对一些地方病、传染性疾病、慢性疾病的认知程度不高，加上长期缺医少药，防病措施落实不到位，因病致残、因病致贫、因病返贫的情况突出。民族地区医疗保障体制存在重治疗、轻预防的倾向，基层医疗保健功能较弱，如贫困家庭中的新生儿难以享受出生缺陷综合防治和疾病筛查服务，儿童常见性疾病疫苗接种不及时，残障人士无法接受康复治疗，留守老人养老服务缺失等。调查发现，大部分偏远民族地区的贫困家庭通常是贫病交加，家中不乏失能、失智、残障及重症患者，由于其经济拮据，地方医疗保健服务供给不足，存在有病难医、老无所养的现象。

二、我国民族地区健康扶贫的思路建议

（一）构建“动静结合”的民族地区医疗卫生保障系统

1. 深入偏远民族地区，提供流动式医疗服务

一方面，创新流动医疗服务形式，打通医疗服务“最后一公里”。组织业务精湛的医疗服务团队赴民族地区定期开展巡回诊疗，通过巡回诊疗的方式，使疾病早预防、早发现、早治疗，为贫困群众提供精准的健康服务，实现小病不出村、就近便捷看病的目标。针对特殊疾病，打造流动式“健康快车”，按病种提供专项救治，如在民族地区开展老年群体白内障、青光眼等筛查救治工作，为农村留守妇女进行妇科检查和治疗，对山区佝偻病患者提供及时的诊治和矫正等。要将国家关于家庭医生签约的政策落实到民族地区，建立贫困对象健康档案，配备健康管家，发挥签约医生的初诊作用，深入推进医联体建设和双向转诊工作。另一方面，对于身处大山中的贫困少数民族患者，要充分挖掘利用当地医药资源及时施

治。鼓励科研机构研发苗药、藏药、蒙药等民族中草药，并给予特殊扶持，缩短药品审批时间和流程，优先将民族药物纳入医保目录，开展中医药适宜技术的推广和培训，为贫困患者提供简便廉价的中医药服务，缓解看病贵的问题。

2. 构筑医疗扶贫双保险体系，实现应保尽保

一是以新农合为主干，以大病保险、商业健康保险为两翼，建立健全医疗扶贫第一层保险体系。民族地区要结合实际，以基本医疗保险药品目录为基础、基本医疗保险条例为准则，保证新农合、大病保险、商业健康保险等不同保障之间范围清晰、财政分立，避免用基本医疗基金进行医疗救助和补充医疗报销方面的支出。在把握基本医疗保险给付比例的同时，注意化解和防范基金风险，形成合理的责任分担机制。在基本医疗保险报销之后，对发生的高额医疗费用应进行二次报销，使大病保险政策向民族地区贫困群体倾斜，不设起付线并提高报销比例，有条件的地方，可实行患者自负费用的封顶，以缓解自负压力。二是以医疗救助为核心，建立健全医疗扶贫第二层保险体系，将医疗互助、民政救助及慈善力量作为保险链的补充层。民族地区在基本医疗保险的基础上，要对贫困重症患者给予多层次的社会救助，发挥医疗互助的公益性、灵活性、群众性和互济性优势，为五保户、低保户、优抚对象等没有能力参保的贫困群体提供具有托底救急性质的民政救助，以弥补基本医疗保险的不足。吸纳社会慈善力量，多渠道筹集资金，拓展公益资金的补充功能，实现社会帮扶和健康扶贫的有机结合。

（二）构建“双跨联动”的民族地区健康扶贫机制

1. 加强跨部门联动，凝聚健康扶贫工作合力

第一，建立信息共享机制。加快民族地区医疗信息大数据平台建设，将分散于扶贫、民政、卫生和计划生育、人力资源和社会保障、财政等部门的信息有效整合，提高医疗服务和健康扶贫的精准度。将扶贫部门入户调查的数据和建档立卡数据嵌入医疗机构、人力资源和社会保障部门、民政部门现有网络系统中，并及时动态更新，增设在线搜寻、核实、审批、结算、退出等联网处理功能，实现贫困患者识别、病情诊断、医保报销比例与核算及民政医疗救助等方面的精细化管理。第二，建立沟通协调机制。尽快设立健康扶贫联席会议制度，形成稳定的工作对接平台，定期交流扶贫进展，实行跟踪管理。通过定期会商，对极贫患者的医疗救助制定差异化帮扶方案，发挥多部门合力扶贫的协同作用。第三，建立突发救助机制。对于非建档立卡人口因突发重症致贫返贫的，各部门要联动反应，

扶贫部门应及时将其纳入建档立卡范围，民政部门介入救助，医疗机构积极诊治，人力资源和社会保障部门全力兜底。

2. 打造跨地域“一站式”结算平台，提高医保报销效率

一方面，要加快民族地区医疗保险的信息化建设步伐，整体接入全国医保信息网。打造基于“互联网＋健康扶贫”的医疗综合服务信息平台，推行“一站式”费用结算。不断扩展和完善平台功能，增加线上服务种类、扩大服务范围，将商业保险机构、社会保险机构、医疗和药品合作平台逐渐纳入新的结算系统中，简化程序，降低患者看病成本，进一步实现跨地域结算；另一方面，要提高民族地区医保基金的统筹层次，将县市级统筹提高到地市级统筹，使其能够在更高的层面上互济余缺。采取“参保地待遇，就医地管理”的就医管理模式，按就医地的目录进行报销，按参保地的待遇进行结算，同时提高基金监管的实效性，保障参保人结算的畅通和及时。运用互联网、移动终端等，加大力度解读异地结算政策和办理流程，让少数民族群众听明白、会使用。

（三）构建“医养融合”的民族地区公共卫生服务新模式

民政、卫生和计划生育等部门要打破利益藩篱，鼓励和规范在养老机构内开展医疗服务与在医疗机构中增设养老功能的行为。制定和出台医养融合的具体方案，整合多方服务主体资源，降低民营企业及个人投资医养融合服务的成本，为养老市场提供公平竞争的环境。引导民族地区基层养老院、福利院开设经卫生部门批准的医务室、保健站、门诊部等医疗机构，聘请具有从业资格的医护人员从事医疗保健服务，增加医疗观察床位，拓展养老床位功能。通过在县级医疗机构内部开设养老病床或老年病科的方式，使老人在享受医疗服务的同时获得养老服务。为保证养老服务的专业化，应培养或另聘专业养老服务人员，在人员配备、设备购置和空间设计等方面实现资源共享的最大化。加大对相关职业院校的财政补贴或免除相关专业学生的学费，吸引更多人员从事护理工作。结合民族地区特有的居住格局、文化习俗，建立以乡镇为单元的农村社区医养中心，在配备医疗所、康复房、健身广场等设施和提供老年病治疗、康复、护理、临终关怀等服务的同时，注重民族文化氛围的营造，如增设礼拜间、清真餐厅等，使五保户、残疾老人住得好、住得安心，有归属感。

第八章　民族地区社会扶贫：维度与面向

改革开放以来，各级党政机关、军队和武警部队、国有企事业单位率先开展定点扶贫工作，东部发达地区与西部贫困地区，特别是与少数民族地区结对扶贫协作，起到了引领社会扶贫的良好作用。社会组织、民营企业以及个人通过多种方式积极参与扶贫开发，社会扶贫日益彰显出巨大潜力，但就目前来看，其仍存在组织动员不够、政策支持不足、体制机制不完善等问题，因此有必要探讨如何充分发挥社会力量在精准扶贫中的作用，促进形成民族地区贫困治理的大扶贫格局。

第一节　民族地区社会扶贫的含义、范畴及作用

一、民族地区社会扶贫的含义

广义上的社会扶贫是指政府专职扶贫开发机构以外其他主体从事的扶贫开发工作；狭义上的社会扶贫指民间组织、企业和社会公众面向我国贫困人口所提供的各种救助。社会扶贫弥补了政府财政扶贫的不足，基本上满足了贫困人口物质、精神等多方面的需求，有助于优化贫困治理结构，整合各种扶贫资源，最大限度地发挥各治理主体的优势，建立全社会参与的大扶贫格局。随着经济社会结构的发展变化，我国贫困问题及减贫环境也日趋复杂，需要不断创新扶贫模式，构建多元共治的包容型扶贫体系，才能降低减贫系统的复杂性，推进减贫领域的治理创新。社会扶贫作为一种具有中国特色的扶贫模式，是社会治理理论在减贫领域的运用，它根植于自身独特的理论、实践及政策背景，是与政府单一主体贫困治理相对的多个社会主体协同减贫秩序的构建。与政府财政扶贫相比，社会扶贫具有目标确定性、方法创新性、资源聚合性、形式多样性的特点，以及扶贫项目专业性强、扶贫对象适应性强、扶贫组织中介性强、扶贫活动实效性强等诸多优势，因此，其在扶贫开发工作中的重要作用日益凸显。

民族地区受特殊的历史、自然地理、经济及社会文化因素影响，地方财政薄弱，多数地区属于“吃饭财政”，一些偏远民族地区的乡镇“人悬浮”“财贫弱”“物不足”，单纯依靠政府财政以弱扶弱式的扶贫，很难满足扶贫开发的需要。我国少数民族大多居住在东北、西北、西南、东南等边境地区，西部地区及省际交界区，自然条件恶劣、贫困户分散、扶贫难度大，急需充分整合社会资源，大力

开展社会扶贫。近年来，尽管民族地区基础设施和公共服务得到了较大改善，但与东部发达地区相比仍显落后，需要依托东部发达地区的对口支援进行产业化建设和自身脱贫能力的培养。综上分析，本书认为，民族地区社会扶贫是指为解决民族地区贫困面广、贫困程度深、减贫速度慢、扶贫成本高、脱贫任务重等问题，在党委和政府主导下，动员社会各方面力量，以社会组织、企业参与，以及对口支援等形式，帮助少数民族贫困地区脱贫致富的一种精准扶贫模式。

二、民族地区社会扶贫的主要范畴

（一）社会组织参与

在我国，社会组织包括提供社会服务的各类事业单位和参与社会治理的各级各类人民团体，如此构成的社会组织是一个庞大且错综复杂的社会体系，其每一个局部、每一个单元及其整个体系的改革创新和作用的发挥，都是我国社会改革的重要组成部分，也是推进整个社会治理现代化的基本内容。贫困治理是国家的责任，需要政府在公共服务、基础设施等领域起到主导作用，作为以社会目标为核心的非营利机构，社会组织一方面连接着贫困社区和贫困人口的需求，另一方面积极与有公益意愿的企业和个人建立联系，发挥公益供给与需求之间的桥梁作用，广泛动员社会力量参与到扶贫事业中。社会组织参与贫困治理的途径不仅包括直接援助和支持、承接政府和基金会的服务项目、社区主导型发展和减贫、针对贫困户的帮扶行动等传统形式，还包括小额信贷、新社会经济运动、社会企业、社会工作等近年来实践领域中的新形式。

志愿者扶贫通常是依托社会组织来实现的，社会组织扶贫也离不开志愿者的加入，二者相辅相成、相互促进。政府鼓励和支持个人扶贫行为。早在1993年第八届全国人民代表大会常务委员会第四次会议《关于修改〈中华人民共和国个人所得税法〉的决定》就已规定：个人将其所得对教育事业和其他公益事业捐赠的部分，按照国务院有关规定从应纳税所得中扣除。各类扶贫志愿者、扶贫捐赠者和以其他方式积极投身于扶贫活动的公民可以通过多种形式参与到大扶贫的格局中，成为精准扶贫的主力军。我国“三支一扶”计划、大学生志愿服务西部计划、大学生村官计划等都不同程度地蕴含了社会扶贫的内容及意义。例如，成立于2005年的凉山彝族妇女儿童发展中心，是由彝族精英与国内外关心彝族发展事业的人士共同发起成立并在民政部门登记注册的民办非企业单位。该中心长期在四川彝区从事孤残儿童救助、妇女权益维护、禁毒防艾等公益扶贫，并吸纳了大量志愿者参与入户调查、同伴教育、爱心捐助，成功地将社会组织与个人力量有机结合，为偏远民族地区社会扶贫提供了经验借鉴。

（二）企业参与

财政投入型的扶贫资金仅能满足贫困地区基本的生产生活所需，而面对一村、一户、一人不同的贫困状况和大量扶持需求，现有的资金往往杯水车薪。当前政策性的扶贫资金来源单一，特别是在民族地区，以往政府扶贫资金主要用于解决基本生活问题，随着贫困人口的生活得到保障，要彻底脱贫就需要加大对其生产性的资金投入，而政府单一的扶贫模式难以满足生产性的多元化资金需求。因此，要引入社会资本，以弥补政府扶贫资金投入的不足。企业参与的方式有救济式扶贫和开发式扶贫两种：救济式扶贫是指企业承担更多的社会责任，以捐款、捐物等形式，对贫困群体中的残疾人、五保户等丧失基本劳动能力的人口提供帮助；开发式扶贫是指企业通过金融扶持、政府与社会资本合作（public private partnership，PPP）模式、“企业＋合作社＋贫困户”等市场机制，与贫困户建立一定的利益联结，帮助贫困人口产业脱贫。前者仍属于传统“输血式”扶贫范畴，后者才是应大力提倡的“造血式”扶贫模式。2016年，青海省启动了百企帮百村、百企连百户的“双百”企业扶贫行动，以资产增值和盈利分红的方式帮助少数民族贫困群众脱贫致富。海北藏族自治州青海浩云旅游文化开发有限公司总投资4700万元（捆绑扶贫资金300万元）实施的浩门镇煤窑沟村照壁山景区建设项目，每年将300万元的8%作为红利分配给贫困村村民，煤窑沟村、头塘村两村贫困户户均年收入可增加2000多元，受益群众236户1026人。

（三）东西部扶贫协作和对口支援

对口支援是经济发达地区按照国家事业发展需要，对发展落后地区给予对口支持和帮助的精准扶贫模式，多以东部发达地区对口支援西部少数民族地区为主，其类型包括灾难援助、医疗援助、教育援助等。实施对口支援，应制订周密的规划，在资金支持、产业发展、干部交流、人员培训及劳动力转移就业等方面定向帮扶，发挥发达地区资金、人才、技术等优势，促使民族地区将自然资源和劳动力资源优势转化为经济优势。对口支援有利于推动区域协调发展、协同发展、互补发展，是加强民族地区与非民族地区、西部地区与东部地区之间的协作，优化产业结构布局，拓展对外开放新空间，促进先富帮后富，进而实现民族团结和共同富裕的一项重大战略举措。中华人民共和国成立以来，党和政府高度重视对西部地区，特别是边疆民族地区的对口支援。1994年，中央第三次西藏工作座谈会作出对口支援西藏的决策，共有北京、江苏、上海、山东、湖北等17个省市对口支援西藏。2010年，中央召开全国对口支援新疆工作会议，确定了北京、上海、广东、深圳、江苏等 19 个省市对口支援新疆。2016 年 12 月，《关于进一步加强东西部扶贫协作工作的指导意见》出台，明确要求调整东西部扶贫协作结对关系，在现有机制下深化对西藏、新疆及四省藏区的对口支援，从而进一步加大和拓宽了对口支援扶贫工作的广度和深度。

三、民族地区社会扶贫的作用

（1）社会扶贫能够引入社会资本参与贫困治理，有助于缓解民族地区基层政府财政投入不足。由于我国基层财政总体薄弱，要打赢民族地区脱贫攻坚这场硬仗，单纯依靠政府的财政资金难以完全满足扶贫开发的需要。扶贫必须以产业为支撑，民族地区的劳动力、少数民族特色产品及文化旅游资源给社会资本的投入提供了“肥沃的土壤”。通过政府购买、项目合作等形式，吸纳社会资本参与民族地区扶贫开发，不仅可以拓宽投融资渠道，还可以有效解决精准扶贫过程中面临的资源供求失衡的矛盾。

（2）社会扶贫能够整合分散的社会资源，有助于提高民族地区扶贫的组织化程度。社会扶贫具有社会化整合的特点，可以极大地调动少数民族贫困户自身的积极因素，激活民族地区本土性、内源性的“造血”功能。以合作社为例，发挥民族地区各类互助性经济组织的作用，有利于建立完善龙头企业与精准扶贫户、合作社与贫困户、农村土地流转与贫困户的利益联结，使分散的少数民族群众加入合作社并享有股权、参与分红。

（3）社会扶贫能够发挥专业性、精细化的扶贫优势，有助于打造民族地区特色产业链。当前民族地区精准扶贫工作抽调了大量的党政人员，其中有一些人员缺乏扶贫工作的经验和能力，难以有效开展扶贫攻坚工作。社会组织有专门的组织机构，在专业化人才方面具有优势，他们能够深入民族地区基层，扎根一线，长期从事产业指导和生产性扶贫。鼓励社会组织发挥社会第三方力量的优势，可以弥补市场调节的盲区，整合技术、人才、资金、创意等资源，联合当地民族企业共同参与扶贫开发，协力打造少数民族特色产业链，以品牌带动民族地区产业振兴和区域经济发展，增加少数民族就业创业机会，实现产业扶贫和精准脱贫。

（4）社会扶贫能够承接政府扶贫项目，有助于改善民族地区基础设施和公共服务。政府通过与社会组织合作，向社会资本开放基础设施和公共服务项目，有利于加快转变地方政府职能，形成多元化、可持续的资金投入机制，盘活社会资本存量，激发民间投资活力，增强经济增长新动能，促进民族地区产业结构调整和经济转型升级。政府向社会组织购买扶贫服务，符合以发展个人潜能为目标的参与式扶贫理念，能够将少数民族群众的积极性和主动性充分调动起来，形成精准扶贫精准脱贫的社会合力。

第二节　社会组织参与民族地区精准扶贫——以青海回族撒拉族救助会为例[①]

青海回族撒拉族救助会（简称救助会）成立于2004年，是青海省民族宗教事务委员会和省民政厅批准的一家以少数民族弱势群体为主要救助对象的民间非营利组织。救助会由1992年的青海穆斯林文化服务中心下设的教育基金部发展而来，主要对那些考上大学却无力承担学费的学生（也包括一些家庭困难的中小学生）提供资助。救助会在青海各级政府和广大穆斯林群众的支持下，通过培训大学生志愿者，组建志愿服务团队，以实施教育扶贫为主，辅以医疗救助、灾难援助、扶危济困等形式投身民族慈善事业，创造了由民族内部崛起的社会扶贫运作模式。经过十余年的发展，救助会以其鲜明的民族文化特色和富有成效的社会扶贫实践赢得了较高的社会公信力。2010年，救助会被民政部评为“全国先进社会组织”，2017年，在青海省民政厅组织的等级评估中，其被授予“4A级社会组织”称号。

一、社会背景与文化动因

从社会培育方面来看，转型期我国大量“单位人”变为“社会人”，社会组织具有对政府职能转移的承接作用，有利于促进社会治理模式的完善。我国立足于建设有限政府、服务型政府的目标，使政府不再包揽一切事务，众多群众性、社会性、公益性、服务性的社会职能向社会分离和转移，“小政府、大社会”格局日益明显。社会组织的生成，特别是慈善性非政府组织（Non-Governmental Organisation，NGO）的发展，对市场经济条件下的社会阶层分化、利益冲突、社会保障缺失等起到了资源重组、矛盾弥合的作用，大大舒缓了社会张力，发挥了转型期社会动荡的减震器和缓冲带功能。在东西部发展差距日益拉大的背景下，西部民族地区更需要如救助会这样的慈善性NGO参与扶贫济困，这也成为救助会得以诞生的社会背景。

从民族资源和宗教文化方面来看，多元民族、宗教文化滋养了救助会的成长壮大，为其参与扶贫提供了内在的精神动力和文化支撑。青海省地处黄土高原、青藏高原和蒙古高原的叠合部，历史上贯通东西的丝绸之路、横亘青藏高原的麝香之路，以及南北纵跨的河湟—藏彝民族走廊在此交汇，形成了独具特色的多元

① 本节内容整理自课题组赴青海回族撒拉族救助会获得的调研资料。

民族文化“丛结”。青海省世居少数民族主要有藏族、回族、土族、撒拉族和蒙古族，有6个自治州、7个自治县、28个民族乡，自治地方面积占全省总面积的98%，各民族大杂居、小聚居，构成了以河湟—藏彝民族走廊为中心的甘宁青地区多样化的民族文化生态系统。当地群众的宗教信仰多元化，以佛教、伊斯兰教为主，其中回族、东乡族、撒拉族、保安族、哈萨克族等少数民族信仰伊斯兰教。仁爱、慈善是穆斯林追求的崇高境界，扶贫济困、乐善好施是伊斯兰教大力提倡的一种美德，也是广大穆斯林积极实践、完美信仰的一种善行。救助会依托这片民族宗教文化的“沃土”所开展的公益慈善事业与少数民族优秀文化传统相吻合。

二、机构设置与运作模式

（一）组织机构及业务范围

救助会现有会长1人，同时兼任理事长。秘书长1人，个人会员217人，理事30人，常务理事10人，专职工作人员7人，兼职工作人员5人。救助会设6大部门，分别是理事会、秘书处、办公室、项目部、综合部和财务部（图8-1）。

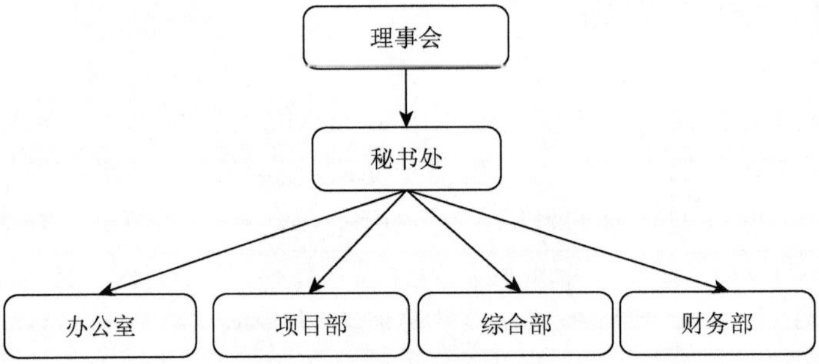

图8-1 救助会机构设置

救助会的业务范围如下：遵循救助会宗旨，开展贫困学生救助工作；开展省内外有利于民族教育事业及其他社会公益事业的文化交流活动，提高救助会知名度，更好地完成教育扶贫工作；打造志愿者队伍，开展形式多样的教育扶贫活动；编辑出版关于公益事业的内部资料、书刊，研究介绍救助会及省内外有关扶贫济困的成功经验；办理承担业务主管单位委托的其他事务。

（二）资金来源和用途

救助会的资金来源渠道有：政府资助；省内外社会组织及个人捐赠或赞助；

开办各类慈善实体的合法收入；在核准的业务范围内开展有偿服务的收入；利息；会费；接受国际慈善机构、国际友好团体及个人的捐助；其他合法收入。调查了解到，救助会因参与扶贫工作成效显著，连续三年获得“中央财政支持社会组织参与社会服务”项目经费资助。救助会资金的主要使用范围包括：捐资助学及救助贫困户；举办各类教育事业和公益事业；宣传及日常办公等。以2017年第一季度为例，直接用于救助贫困群众的经费（定向资助贫困大学生和志愿者培训支出、本期教育救助支出、医疗救助支出）共计约37.9万元，占本期收到捐款金额的84.7%。

（三）志愿者的运作模式

救助会推崇受救助者的爱心“反哺”，即救助会捐资助学的善行帮助和培养了一批少数民族贫困大学生。然后，鼓励他们以担当志愿者的方式参与救助会的扶贫工作，用自己的善行回报社会。这种志愿者的运作模式不仅降低了救助会的运行成本，还对受救助者起到了教育感化的作用，在他们的心中播撒爱心的种子，实现善生产善的社会扶贫效果的叠加与倍增。救助会的志愿者工作始于2005年底，当时救助会组织了青海师范大学的10名大学生赴循化撒拉族自治县查汗都斯乡红旗中学开展了为期一个月的寒假支教助学活动。之后，志愿者参与扶贫的内容不断拓展和专业化，除了支教，志愿者还通过入户调查了解和核实提出救助申请的贫困家庭状况，协助开展送医送药下乡、文化救助等。目前，救助会的志愿者人数达1000多人（含在校大学生及其他职业人员），其中常驻志愿者有200人。

三、扶贫行动与主要成效

（一）教育救助

（1）资助方式多样化。随着教育资助范围的扩大，救助会也由原来全额无偿资助转变为分层分类资助。对于孤残儿童、特困家庭及单亲家庭子女，一般给予全额无偿资助。对于定向资助的学生，由爱心企业或爱心人士捐资助学。对于其他普通贫困生，则采取灵活的资助形式：一是无偿资助与奖学金相结合的“4＋1”模式，即救助会给予4000元无偿资助和1000元奖学金，凡在校期间表现良好且积极参加志愿服务活动的贫困学生，均可申请获得该奖学金，近年来，救助会尝试“3＋2”模式，即给予3000元无偿资助和2000元奖学金，奖学金金额的增加对贫困学生的激励作用更大；二是救助会无偿资助一半学费，另一半以免息助学贷款的形式提供资助；三是全部学费以免息助学贷款的形式提供资助。截至 2017 年 2 月，救助会累计资助的贫困大学生有 3887 人、中学生有 2540 多人、小学生有 3400 多人。自 2004 年救助会成立，资助人数逐年增加，近 3 年年均资助人数已超过 500 人。

（2）资助对象识别精准化。救助会建立了“个人申请→调查小组核实→理事会讨论决定→救助金发放”的审批流程，确保资助对象精准锁定。凡贫困学生均可向救助会提出申请，由办公室工作人员和志愿者组成的基本情况调查小组对提交申请的学生开展家访式走访调查，通过对家庭贫困状况的了解，结合所在社区或村委会的意见，调查小组筛选出拟资助的学生名单。然后，理事会召开常务理事会议，研究讨论资助的形式及额度。在经济条件基本相同的情况下，遵循孤儿优先、单亲家庭优先、品德操守优秀者优先、成绩优异者优先、一户家庭同时供两名及以上大学生者优先、少数民族女大学生优先、会内人士推荐的贫困学生优先的原则予以资助。鉴于各高校录取通知书发放时间不统一，特别是偏远山区交通不便，接收录取通知书的时间差异较大，救助会一般于每年 8 月底举办一次学生资助金的统一发放仪式。

（3）资助工作队伍专业化。救助会在提供学费资助的同时，将受资助的优秀贫困大学生组织起来，开设个人品德和公益服务技能培训班，利用寒暑假时间开展“同心”志愿服务活动，让他们与山区留守儿童结对子、手牵手、心连心。充分发挥大学生志愿者的专业优势，通过义务支教活动给偏远山区送去先进的教育理念、方法和技术。从 2005 年 7 月开始，救助会与中央民族大学等多所高校合作，广泛动员在校大学生积极参加“了解青海、支援西部”的社会实践和支教助学行动。目前，已有来自全国各地百余名大学生志愿者在青海贫困地区从事志愿服务。以专业化的资助工作队伍为依托，实施精准救助和有针对性的帮扶，加强了科教宣传和普及，使“知识改变命运”的观念深入人心。

（二）医疗救助

早在 2005 年 6 月，救助会与青海红十字医院就已达成合作协议，协议内容包括：为穆斯林群众提供义诊；对穆斯林患者给予照顾，减免部分医疗费用；在医院设立清真餐厅、礼拜间，为信教患者和陪护人员提供便利；为全省清真寺的教长提供免费体检；对穆斯林群众聚居区出现的突发事故给予人道主义援助等。同年 7 月，救助会又与解放军第四医院签订合作协议，重点开展对偏远农村医疗技术培训及常用医疗设备的援助，凡回族、撒拉族贫困患者在该医院就医均可享受 10%～30%的优惠。救助会还先后与青海康乐医院、解放军第五三六医院等大型医疗机构建立了稳定的合作关系，借助医疗机构的专业资源和力量实施医疗救助。

青海少数民族贫困县多属于牧区，海拔高、气候恶劣，医疗卫生条件差，加上农牧民居住分散，群众看病就医非常困难。救助会携手多家医疗机构，面向牧区少数民族群众开展了“送医送药到草原”活动。仅2015年，救助会就举行了4次规模较大的义诊送药和健康知识普及活动，为广大农牧民提供了实惠，更为因病致贫家庭带去了福音。2005～2015年的十年间，救助会通过在民和县、湟中县、大通回族土族自治县等8个县实施医疗救助，累计为300余名贫困患者减免医疗费用200多万元，使近万名回族、撒拉族、藏族等民族的贫困患病群众受益。救助会现已初步建立了一支专业化的医疗志愿者队伍，形成了以点带面、辐射偏远的医疗救助网络，对完善基层医疗卫生服务体系起到了补充作用。救助会还发挥自身的影响力，协助相关部门，在尊重事实、维护群众利益的前提下，积极防范和化解各类医疗纠纷，有力地促进了社会和谐稳定。

（三）扶危济困

2005年以来，救助会每年募捐数十万元的面粉、大米、清油、牛羊肉等物资，慰问海东市、海北藏族自治州、黄南藏族自治州、海南藏族自治州等地贫困群众5万多人次。近年来，救助会拓展思路，挖掘民间社会资源，尝试与家族合作开展扶贫救助工作，通过精准扶贫到户到人，建档立册，跟踪济困，帮助家族弱势群体尽快脱贫，取得了良好效果。救助会在斋月和开斋节期间对苦芦湾家族[①]的救助慰问活动，激发了家族成员的积极性，更多的族人主动把虔诚的乜帖交给救助会，委托其捐赠给需要救助的人。救助会工作人员深入“苦芦湾人”聚居的民和县马营镇，对11户贫困家庭逐一进行了走访慰问，救助孤寡老人4户、残疾家庭4户、极贫户2户，并实施教育救助1户。

救助会积极参与2008年汶川大地震和2010年玉树地震的灾后援建工作，通过各种渠道为灾区募集食品、药品。玉树4·14强震发生的当天，救助会紧急采购了价值8万余元的炒面、酥油、茯茶等当地少数民族群众必不可少的食品，由负责人率领救灾团队第一时间送往玉树，与灾区干部群众携手并肩抗震救灾。尽管救助会经费有限，但经理事会讨论决定向灾区捐资100万元用于灾后重建。在玉树地震一周年之际，救助会工作人员不远千里奔赴玉树藏族自治州囊谦县东坝乡中心寄宿学校，向该校258名藏族小学生赠送文具、书包、毛衣和近3万元的助学金，还为结古镇敬老院的藏族孤寡老人送去了价值1.6万元的常用药品。救

① 苦芦湾家族是一个有着600多年历史的回族家族，家族式济困救助延续了数百年。清同治年间，为躲避杀戮，自称“苦芦湾人”的家族逃离苦芦湾，分散到甘、青、新、宁、蒙等地。虽然苦芦湾只是遥远的地理记忆，但长期围绕保护祖坟和上坟等活动，“苦芦湾人”的族群认同维系至今。

助会发扬“一方有难、八方支援”的精神，以爱心、坚强和力量谱写了一曲民族团结、亲如兄弟的感人乐章。

第三节　企业参与民族地区精准扶贫——以宁夏壹加壹农牧股份有限公司为例①

一、企业参与扶贫的概况

宁夏壹加壹农牧股份有限公司（简称壹加壹）成立于 2005 年 11 月，于 2014 年 12 月在全国中小企业股权转让系统挂牌，其总部位于宁夏回族自治区吴忠市红寺堡区。当地回族青壮年受传统民族习俗影响，较少外出务工。独特的气候条件和人文环境，使草畜产业成为吸纳劳动力充分就业的绿色生态产业。壹加壹作为一家民营企业，经过多年发展，已形成集高品质肉牛繁育、养殖、屠宰、加工、销售于一体的全产业链经营格局，并率先尝试了乳肉兼用型优种养殖技术，在取得良好经济效益的同时，积极参与精准扶贫，带动周边农牧民增收致富。

壹加壹现有各类肉牛养殖牧场和基地 12 个，其中规模较大的有：孙家滩高档肉牛示范养殖场、红寺堡城东肉牛养殖场、青铜峡市金沙湾合作牧场、新疆军垦塔河合作养殖牧场、同心县预旺镇牛源基地、固原市原州区头营镇利民村牛源基地等。从 2015 年开始，壹加壹还依托兰州市柳泉乡精准扶贫养殖园区，与红寺堡区部分贫困户合作开展“飞地”养殖，成功解决了合作社、养殖大户无养殖场地的问题，通过提供统一的金融信贷、养殖场地、牛源供给、养殖技术、饲料草配送等社会化服务，累计带动 632 户贫困户增收 720 余万元。为巩固和扩大扶贫成效，壹加壹不断整合资源，建立电商交易平台和支付系统，引导农牧民参与肉牛养殖、肉牛交易、配套服务、产品销售，提供优良畜种、资金扶持、技术指导、销售保障，在提升传统肉牛养殖产业的生产效率和营利能力的同时，带动更多的贫困农牧民脱贫。

二、企业参与扶贫的模式与成效

（一）“企户联合、增收脱贫”模式

农户通过贷款投资的方式与壹加壹联合养殖并获得固定收益。其中，建档立

① 本节内容整理自课题组赴宁夏壹加壹农牧股份有限公司获得的调研资料。

卡户以村为单位成立养殖合作社，每户向银行贷款 5 万元作为养殖资金注入合作社；非建档立卡户按照贷款基准利率上浮 3 个百分点（年利率 7.35%），从银行贷款养殖资金注入壹加壹担保成立合作公司，公司承担养殖风险并偿还本息。建档立卡户全年可领取养殖收益 4000 元，贷款本息由合作公司偿还；非建档立卡户全年可领取养殖收益 6175 元，贷款贴息资金 2175 元，贷款本金由合作公司偿还，贷款利息由农户自己偿还，并享受自治区财政贷款基准利率 70%贴息资金 1522.5 元，全年实际收益 4022.5 元。

壹加壹根据肉牛发育周期，与农户建立紧密的肉牛育肥养殖合作关系。哺乳期的犊牛死亡率高、饲养难度大，育肥期的牛生长速度缓慢、经济效益较低，为保障农牧民收益，壹加壹主动负责这两个阶段的饲养工作。犊牛期、架子牛期的牛生长速度快、效益高、饲养难度不大，这两个阶段则由贫困户负责饲养，从而使其获得最大的经济效益。为了保障农牧民养殖空闲期的经济收入，壹加壹与合作社签订养殖合同并约定，由壹加壹托管养殖，清还本息且承担全部风险，每月通过合作社向农户返还养殖利润 333.3 元，政府贴息 2100 元。通过这种利益返还的方式，柳泉村、新集村、红川村 68 户建档立卡贫困户从中受益，仅半年时间，新集村就有 29 户增收共 5.8 万元。

（二）“企社联合、利益共享”模式

各村组织有养殖意愿的农户（包括建档立卡户和非建档立卡户）成立养殖合作社，以合作社为单位进入扶贫养殖园区养牛。壹加壹负责向合作社提供圈棚、牛源、草料（低于市场价格）等，并统一防疫和回购，合作社社员则在公司的帮助下自主饲养。社员以贷款 7.5 万元为计算单位，向壹加壹认购 8 月龄架子牛 5 头，一年后再由公司全部回购，壹加壹负责偿还贷款本金，合作社社员负责偿还贷款利息，公司向合作社社员分配利润 1852 元/头，全年可获利 9260 元。其中，建档立卡户享受政府扶贫贷款基准利率 100%的贴息资金 3262.5 元（利率上浮后贷款利息 5512.5 元，基准利率利息 3262.5 元），全年共增收 7010 元；非建档立卡户享受自治区财政贷款基准利率 70%的贴息资金 2283.75 元，全年实际收益 6031.25 元。

针对购牛资金不足、养殖成本高的情况，红寺堡区博凯强养殖专业合作社还推出“母牛银行”基础母牛赊销养殖模式，即农户从合作社按协议约定价格赊销良种西门塔尔基础母牛，赊销款在 3 年内按协议约定时间分批还清。在协议期间，合作社为农户定期提供技术指导、培训和服务，赊销款还清后赊销的基础母牛归农户所有。目前已有翼侬合作社、顺旺合作社及 126 户养殖大户参与了该养殖模式，累计饲养肉牛 5836 头，养殖收益 893 万元，户均纯收入 1.9 万元，柳泉村 372 户建档立卡贫困户全部脱贫。

（三）“企企联合、优势互补”模式

壹加壹与区内外大型肉牛养殖企业合作，签订全年犊牛供应协议，确保牛源供应充足。在养殖阶段，与新疆生产建设兵团农二师合作，成立塔力木牛业集团，建设 10 万头肉牛养殖基地，扩大养殖规模。在技术方面，与美国嘉吉公司建立技术合作关系，引进世界先进技术。在销售环节上，与东莞、深圳、上海、北京等地牛肉销售企业合作，拓宽牛肉销售的渠道。在融资方面，与金融企业和银行合作，发挥产业基金杠杆作用，用足用活信贷资金投入养殖生产。红寺堡区政府出台了产业化基金发展的相关管理办法，鼓励银行以产业化基金为担保，按 1∶5 的比例为参与养殖的农户贷款，现已撬动金融资金 5000 余万元扶持发展肉牛产业。壹加壹还与厦门锐泰利集团有限责任公司、深圳前海锐盈达互联网金融服务有限公司（简称锐盈达公司）分别签署了战略合作和互联网金融合作协议。2016 年，锐盈达公司通过其对等网络（peer to peer networking，P2P）互联网金融平台“锐盈财富”为壹加壹肉牛合作养殖产业链上的养殖户融资 1 亿元，解决了 1300 户养殖资金融资难问题。其中，3 个合作社获得首批专项贷款 900 万元，帮助农户养殖 3 万头肉牛，使 2400 户贫困户共收益 4800 万元，户均收入 2 万元。

第四节　东部对口支援西部民族地区精准扶贫——以青岛市对口支援日喀则市为例[①]

西藏自治区日喀则市位于青藏高原西南部，面积 18.2 万平方公里，平均海拔 4000 米以上，辖 18 个县（区）、204 个乡镇（街道）、1673 个村（居）。全市建档立卡贫困人口 4.24 万户 16.96 万人，占农牧民总人口的 25.27%，占自治区贫困人口的 28.75%；有重点贫困县（区）11 个，占全市县（区）的 61.1%，占自治区重点贫困县的 30.6%。1994 年，中央第三次西藏工作座谈会召开，作出“分片负责、对口支援、定期轮换”的重大决策，青岛市开始对口支援日喀则市。20 多年来，青岛市坚持真情援藏、精准援藏、全面援藏，先后派出 8 批 57 名党政干部、17 批 95 名专业技术人员参加援藏，助力日喀则市打赢脱贫攻坚战，为增进民族团结、加快西藏发展作出了积极贡献。

一、对口支援的六大举措

（1）共建产业园区，辐射带动脱贫。青岛市第八批援藏工作组利用当地光照

① 本节内容整理自课题组赴西藏自治区日喀则市农牧局获得的调研资料。

优势，投资5800万元打造桑珠孜区“光伏＋生态设施农业”产业扶贫示范园。园区占地面积6.5万亩，一期计划投入72亿元，开发600兆瓦光伏电站，项目建成后带动易地扶贫搬迁新村及周边4000多名贫困群众就业。积极参与园区规划建设和招商引资，已引进青岛昌盛日电新能源电力有限公司等12家大型企业入园，通过“农光互补＋林光互补＋牧光互补＋药光互补＋休闲观光旅游＋扶贫光伏”一体化运作，实现了农牧业经济和新能源发电效益双赢。

（2）以合作社为载体，促进贫困农户增收。援藏干部指导桑珠孜区东嘎乡9个农民专业合作社成立了合作联社，吸纳社员136户610人，土豆种植面积7000余亩，支持将土豆种植作为主导产业，按照组织化、标准化、机械化和品牌化的要求，为农户提供产销一体化服务。全乡340户建档立卡贫困户全部入社，通过引导贫困户种植土豆、组织务工等方式实现增收脱贫。援藏工作组还计划投资1800万元，引进水肥一体化项目，帮助打造“萝卜小镇”“西瓜新村”等6个“一乡一业、一村一品”项目，促进当地贫困群众依托特色产业脱贫致富。

（3）建设扶贫物流中心，帮助城镇贫困群众脱贫。快速城镇化导致部分失地农牧民再就业难，援藏工作组利用城区原畜牧所的建设用地，规划建设桑珠孜区扶贫物流中心。该项目总投资6500万元，建筑面积18 000平方米，预计2018年6月正式投入使用。项目建成后交付桑珠孜区扶贫开发公司运营，并引进物流企业入驻，可吸纳120余名城镇贫困群众就业，同时中心的全部收益将用于精准脱贫。

（4）资助贫困大学生，实施教育扶贫。援藏工作组连续四年每年拿出100万元，专门设立贫困大学生帮扶基金，对桑珠孜区贫困大学生每年补助4000～5000元，帮助他们顺利完成学业。2016年，援藏干部自愿捐出部分补贴，与其他地区企业共建“情牵日喀则”爱心基金，资助贫困大学生60余万元。开展“岛城爱心公益助学”活动，发动青岛市社会爱心人士对口帮扶贫困学生。

（5）支持易地扶贫搬迁，推动迁入地产业脱贫。援藏工作组经过深入调查研究，决定以发展珠穆朗玛峰特色旅游业为突破口，投资800万元为江当乡易地扶贫搬迁新村规划建设2000平方米的后藏旅游集散中心，包括后藏文化演艺大厅、特色风景展示厅、历史文化展示厅等，引导贫困群众参与发展乡村旅游，吃旅游饭、摘贫困帽，还投入500万元，用于易地扶贫搬迁新村1000平方米便民服务中心的建设，并基本达到“十有”（有卫生所、有幼儿园、有两委办公室、有合作社办公室、有服务大厅、有村民道德讲堂、有村民活动室、有村级发展荣誉室、有社区超市、有藏式餐馆）标准。

（6）加强培训交流，更新观念促脱贫。援藏工作组计划三年投入近1000万元，支持各类扶贫人才培养，通过“请进来、走出去”的方式，推动人才交流学习。每年组织乡村扶贫干部、农牧技术人员、产业致富带头人参加培训，有效提高了扶贫脱贫能力。援藏工作组还通过改变环境带动思想解放，三年内投入 2400 万元，以 318 国道沿线为重点，开展“五化”（硬化、绿化、美化、亮化、净化）建设，共打造了 10 个美丽乡村，通过改善农村人居环境带动村民观念转变，以文化扶贫引领全面富裕。

二、对口支援的成效与经验

（一）援助成效

青岛市对口支援日喀则市以来，经过一批批援藏干部的努力，日喀则城市面貌焕然一新，如今的日喀则已成为一座名副其实的高原名城。2013 年，日喀则市农牧民年人均收入 8242.33 元、财政收入 8598 万元、国内生产总值（gross domestic product，GDP）46.1 亿元，分别比 1994 年增长了 7 倍、30 倍、60 倍。第四批援藏干部在调研基础上，启动建设了提灌站、育肥羊饲草基地和南郊自来水厂等多个民生工程。随着提灌站的建成使用，江当乡硬化水渠 20 公里，修建水塘 13 座，灌溉率达 100%，粮食亩产从 350 斤提高到 600 斤，人均纯收入也翻了三番。在援藏干部引导下，江当乡发展特色农业，打造藏药材基地，种植草红花、西藏棱子芹、喜马拉雅紫茉莉等 9 个品种，逐步摸索出了特色产业增收致富的新路子。第六批援藏干部引进的 278 公顷的光伏电站项目于 2011 年投产运营，共有 4 万多块太阳能电池板，每天发电量约 60 万度（1 度 = 1 千瓦时），可满足日喀则市全天用电量的 20%。第七批援藏工作组还斥资 200 万元采购收割机、拖拉机等设备，并在甲措雄乡比杂村成立了农业合作社，吸纳 131 户村民入社，尝试在 2000 多亩农田上进行机械化生产。机械化的推行，解放了大量劳动力，使其能够进入第二、第三产业，从而提高藏民收入。以拉日铁路日喀则站为载体，由援藏工作组规划和建设的日喀则工业园区渐成雏形，使整个高原城市的发展形成了产业辐射。

（二）援助经验

一是抓调研，精准把握脱贫攻坚实际。青岛市援藏干部集中对桑珠孜区的 12 个乡（街道）进行调研，看望驻村干部和大学生村干部，到偏远村庄、学校、医院、合作社、文化大院，以及重点项目建设现场实地考察，广泛听取各级各部门和基层干部群众意见。把学习作为首要任务，多次组织集体交流与讨论，系统学习第六次西藏工作座谈会和东西部扶贫协作座谈会精神。二是抓项目，加快推进同步小康进程。援藏干部本着“一批接着一批干、一张蓝图绘到底、项目接茬不掉线”

的务实作风，狠抓对口援建项目。日喀则工业园区于2011年5月由第六批援藏工作组规划建设。2013年，第七批援藏干部进藏后，相继协调解决了环境影响评价、征地、规划和预审等问题，又投入资金3000多万元完善园区基础设施。三是抓民生，确保对口支援惠及群众。青岛市与日喀则市签订了就业扶贫协作协议，搭建起信息对接、劳务对接、培训对接和创业对接四个平台，制定实施校企合作、创业帮扶等10项具体措施，帮助3万多名贫困劳动力有序转移，实现异地就业脱贫。利用财政专项资金，引导贫困村和贫困户发展乡村旅游、家庭牧场，促进创业脱贫。青岛市还组织辖区街道与桑珠孜区各乡镇结成帮扶对子，每个街道每年资助20万～30万元，支持结对帮扶乡镇改善民生、脱贫致富。四是抓融合，促进两地交流、交往、交融。援藏干部组织开展了西藏文化齐鲁行、优秀中学生赴青岛夏令营等一系列活动，深化了东西部扶贫协作及经济文化交流。桑珠孜区依托第26届青岛国际啤酒节的平台，现场布设藏式展厅“西藏风情屋”，以实物、电子影像、图片等形式展示秀美的高原风光和人文环境。唐卡、藏香、藏红花等十多种特色优质农牧产品、民族传统手工艺品备受游客青睐。

第五节　民族地区社会扶贫的多维困境与路向选择

一、当前我国民族地区社会扶贫的多维困境

民族地区参与慈善事业的文化认知程度不高，民间社团在争取社会资源方面可能陷入合法性危机。相当数量的社会组织可获取的资源有限，有的仅能维持机构日常运转，不具备为贫困群体提供服务的条件。民族地区参与扶贫济困的社会组织大多为宗教慈善社团，虽然其在守信、道德、伦理上要高于一般组织，但也存在章程制度不健全、内部治理结构不合理、接受监督不主动、善款筹集与使用不规范等问题，难以适应社会扶贫规范化的要求。社团的业务主管部门和登记管理部门之间职责划分过于抽象，缺乏有效的协调机制，存在脱节或重叠现象。由于各自职权所限和条块分割的管理体制，政府职能转移不到位，与各种公益慈善事业相关的职能部门舍不得放弃手中的权力，不愿列出政府购买服务的项目，许多民间社团生存发展艰难。

本地中小企业和家族企业是参与民族地区扶贫开发的主力，虽然其具有能人引领、向乡邻扩散的优势，但因规模小、资信较差，以及经营管理的不确定性，很难通过银行信贷筹措到足够的资金。经济新常态下的市场风险加剧，扶贫资金和项目受到区域限制，企业与合作社的营利能力削弱，部分产业项目稀缺的偏远地区实现脱贫的难度加大。龙头企业、合作社与贫困户以松散型的服务优惠和契约联结为主，联结层次和帮扶程度较低，部分企业、合作社和贫困户之间没有形

成深度的利益联结。有的企业参与扶贫的动机是谋取资金和政策扶持，表现为一种“以小套大”的利益交换；有的是为了满足营销公关的需要；还有的则出于跟风作秀式的从众心理，带动脱贫的稳定性和持续性不强。企业对贫困户的基本情况缺乏了解，容易造成重复投入，不利于扶贫资源的整合与集约利用。

我国对口支援大多停留在市级层面，县乡之间的精准对接，以及村域社区之间的结对帮扶不够。受援方过多关注眼前困难的解决和脱贫任务的完成，缺乏战略发展规划与全局考虑；支援方热衷于“短、平、快”的项目，重视生产管理和财力投入，轻视成本控制和持续帮扶。尽管东部发达地区有财政专项资金用于对口支援，但资金筹措渠道不宽，且无长期保障，随着支援扶贫面的扩展，资金缺口不断增大。由于援建项目过于集中，受益面不广，特别是在实施整村推进的项目时，群众的参与度不高，一些村寨出现短期效果好、长期维持难的现象，扶贫成果难以巩固，存在返贫隐患。此外，对口支援干部的人数少，专业技术人才不足，援助时间短、轮换快，绩效考核体系还不健全，这些都是今后对口支援实践中亟待解决的问题。

二、社会力量参与民族地区精准扶贫的路向选择

（一）推进民族地区扶贫供给侧结构性改革，构建“政府主导、市场能动、社会参与”的协同扶贫新格局

（1）制定民族地区政府在购买服务方面的制度法规，厘清项目执行中的具体操作程序以及政社、政企之间的权责关系，通过立法来解决政府干预过多以及扶贫责任缺失的问题。将政府购买服务与社会扶贫有机衔接，发布政府购买扶贫项目清单，加强预算管理，解决社会扶贫内容不清、边界模糊、标准不一，以及市、区（县）联动性和部门协同性差的问题。民族地区应适时启动地方立法，修订完善政府采购管理相关办法，出台规范性文件对社会扶贫实践中的一些具体操作性规则加以明晰，并纳入省、自治区人民代表大会的法律监督范围。通过完善《社会团体登记管理条例》《中华人民共和国慈善法》等法律法规，科学合理划分政府和社会组织、企业在扶贫协作中的权责界限，降低项目招投标门槛，简化申报审批流程，吸纳和支持民间社团及中小企业参与扶贫。

（2）在民族地区贫困对象识别、扶贫方案设计、扶贫项目开展、扶贫绩效评估等环节中，实施社会力量介入的精准对接。各级政府要让社会组织的专业服务、企业的资本链和利益联结机制延伸至乡镇、村寨，以项目为载体，搭建社区支持网络，激发少数民族群众自主脱贫的意识，鼓励社团、志愿者自助互助、创业致富。要结合实际将发达地区先进的减贫理念、模式及扶贫

脱贫的有效机制嵌入受援地，使用大数据、互联网和移动通信设施，改进偏远地区贫困对象识别的方法和手段。借鉴东部地区扶贫方案与经验，在产业园区建设、易地扶贫搬迁、生态旅游规划、电商网络覆盖等方面提档升级。引入发达地区的第三方社会评价机构及专家力量，提高扶贫绩效考核的客观性、有效性。

（3）发挥人文、生态、旅游优势，跳出筹资主体单一的困境，引导社会组织动员社会资本投入电商扶贫、公益互联网众筹等项目。探索“政府＋合作社＋农户”“政府＋企业＋农户”等利益联结机制，通过合作社、承包、租赁等途径，实现土地流转和规模化、集约化经营，带动少数民族群众增收脱贫。另外，对口扶贫的支援地和受援地要以“五资”（外资、民资、央资、行资、内资）为纽带，建立支持发达地区企业到西部民族地区扶贫开发的投融资体系，搭平台、建项目、优产业、强设施、育人才，逐步由政府主导向市场引领转变，从单向的资金、项目投入向双向的人才、科技、管理等多要素、多元化合作转变，为民族地区持续发展注入强劲动力。

（二）不断强化自身建设，提升社会力量参与民族地区精准扶贫的能力和水平

中华全国总工会、中国共产主义青年团、中华全国妇女联合会、中国残疾人联合会、中国红十字会、中华慈善总会等社会组织在帮扶少数民族困难群众方面承担了重要职能。有效发挥这些社会组织及其志愿者队伍在民族地区精准扶贫中的作用，关键是要处理好“赋能”与“回归”的关系：一方面要赋予其更多扶贫开发的职能；另一方面要回归服务群众的宗旨，加强枢纽作用，辐射带动民族地区广大社团、协会和个人参与扶贫，为政府分忧解难。社会工作具有利他性、非营利性、专业性及深入民众等特点和优势，促进了贫困问题的可治理性。因此，要逐步在民族地区的贫困县、乡建立社会工作（简称社工）服务中心或站点，面向偏远村寨建设专业化社工服务体系，通过人才培养、选拔任用、激励保障等政策倾斜，引导城市社工资源向少数民族贫困地区流动。同时挖掘民族地区本土社工人才，并与基层扶贫任务对接，使他们发挥专业扶贫优势，更好地扮演社会资源链接者和救助对象心理抚慰者的角色。

要进一步规范社会组织承接扶贫项目的资金、人事管理，实现社会力量参与扶贫工作的规范化、制度化、常态化。创新参与方式方法，规范发展微信支付、网络捐赠等社交网络扶贫，动员社会各界广泛参与扶贫济困。加强农用物资、植物保护、农技、农机、电商等当前民族地区扶贫开发紧缺技能的培训与职业资格认定，提高社团工作人员、志愿者的扶贫能力，为群众创业致富提供专业化服务。

在贫困治理的实践中，强调个体瞄准固然重要，因为其能够保障为不同需求的贫困者提供有针对性的服务，然而社区整体环境的改善对于稳定脱贫成效及涵养社区内生动力同样重要。应鼓励和支持社会组织与发达地区的各级政府、品牌企业、公益团体等开展扶贫协作，将帮扶重心下移至基层，推动形成民族地区的社区、社工、社会组织、社会企业“四社联动”。

（三）建立健全社会力量参与民族地区精准扶贫的绩效考评和监督管理机制

从组织角度看，要强化政府购买合同的约束力，以产出数量、产出质量、成本效益以及贫困户的满意度为指标，构建社会力量参与民族地区精准扶贫的综合绩效考评机制。重视第三方监督评估机制，避免部分社会组织或企业因自利而造成的扶贫偏差，切实保障政府购买社会扶贫项目和服务的质量。从人员角度看，要对社会组织参与扶贫的岗位职责、工作目标、行为规范分类细化，制订科学的考评指标、测算方法。采用差异化方式对不同岗位和职级的工作人员进行量化考评，其结果与报酬、职务晋升、评优评先等挂钩，以激发扶贫人员的潜能。在交通不便、少数民族群众居住分散的民族山区、牧区，则可以利用“互联网＋精准扶贫”等技术手段，采集相关数据作为当地社会扶贫绩效考评的参考依据。从监管角度看，必须加强社会扶贫专项资金的监管和审计，对虚报冒领、截留私分、贪污挪用、挥霍浪费等违法乱纪行为予以严惩，尽快建立社会扶贫项目资金违规使用的责任追查与问责机制。民族地区的民政、扶贫等部门应加强协同合作，筛选具备条件、社会信用度高、实力强的行业协会、社团、公益慈善机构参与定向扶贫，对参与扶贫项目实行备案、登记、认定的三级准入和分类分级监管。建立民族地区社会组织扶贫公共信息平台，依托互联网、移动网络技术和建档立卡数据资料，构建畅通高效的社会扶贫工作信息交流机制。在跨地区或跨领域的对口支援中，要形成扶贫监督合力，发挥专项监督小组、地区各职能部门和纪律检查委员会派驻机构整体监督体系的优势。鼓励当地各族群众和媒体参与监督，保证社会组织接受捐赠情况、资金支出使用情况、各项活动情况的公开透明。

第九章　民族地区基础设施扶贫：供给与保障

由于自然条件恶劣，资金、土地等资源要素不足，我国民族地区基础设施相对落后，其覆盖面不广、运行质量较低是制约发展的最大瓶颈和短板。供给侧改革要求从扶贫投入侧入手，通过优化投入结构、增加有效供给来提高扶贫质量，进而推进精准扶贫精准脱贫。基础设施扶贫是打赢民族地区脱贫攻坚战的坚实保障，必须加强组织领导，充分利用好各项扶贫政策，整合各部门资源，加大资金投入，扩大基础设施覆盖面，因地制宜解决通路、通水、通电等问题，为少数民族贫困地区脱贫致富提供硬件支撑。

第一节　民族地区基础设施扶贫的总体进展和薄弱环节

一、民族地区基础设施扶贫现状

基础设施是指为满足生产生活需要，由政府提供公共工程设施，保证国家或地区经济社会活动正常运转的公共服务系统。它是维系社会持续发展的一般物质条件，主要内容包括道路交通、供水供电、邮电通信、园林绿化、环境保护、科教文卫等公共工程设施及生活服务设施。相对其他地区而言，民族地区基础设施建设滞后，贫困人口备受贫穷、闭塞之苦，从根本着眼，基础设施扶贫是实现脱贫致富“标本兼治”的有效之举，有助于推动民族地区经济社会发展，确保民族地区如期全面建成小康社会。

（一）交通扶贫

铁路交通建设对民族地区扶贫攻坚具有重要的基础保障作用。据统计，截至2015年底，新疆、西藏、内蒙古、宁夏和广西5个少数民族自治区铁路营业里程之和为25 154.8公里，约占全国的21%。其中，广西在“十二五”期间完成铁路基础设施投资1288.6亿元，建设里程2300公里。从2013年高铁开通至2016年底，南宁铁路局累计完成基础设施投资591亿元，经测算分析，共消费197万吨钢材、1.18亿吨水泥，新增59万个就业岗位，有力带动了沿线地区产业发展，加速了扶贫脱贫进程。进入21世纪以来，我国先后实施了乡镇和建制村通达通畅工程、集中连片特困地区交通扶贫等 10 多个专项建设计划，加大对包括民族地区在内的广大农村地区、贫困地区公路建设的支持力度，“十二五”期间投入超过 5500 亿元的车购税资金用来支持公路扶贫建设，集中连片特困地区 83.8%的县城实现通二级及以上公路，86.2%的建制村实现通硬化路。

（二）水利扶贫

我国坚持把民生水利建设作为抓手，举全行业之力，加大扶持力度，形成了以水利行业扶贫、滇桂黔石漠化片区联系、水利定点扶贫、重点地区对口支援、贵州水利扶贫试点为核心的“五位一体”水利扶贫新格局。例如，滇桂黔石漠化片区涉及云南、广西、贵州三省（自治区）的 15 个地（市、州）、91 个县（市、区），是全国 14 个集中连片特困地区中扶贫对象最多、少数民族人口最多、所辖县数最多、民族自治县最多的片区。处于该片区脱贫攻坚主战场的云南，以整村、整乡、整族、整县、整州为单元推进水利设施扶贫，为促进云南经济发展、政治稳定、民族团结、边疆巩固、社会和谐发挥了重要作用。“十二五”期间，云南贫困地区完成水利投资近 900 亿元，解决了 800 多万农村人口的饮水安全问题，开工建设重点水源工程 160 余个、大型灌区续建配套与节水改造项目 8 个，实施了 25 个重点中型灌区配套改造项目，开展了 88 个小型农田水利重点县建设，同时加快推进了中小河流治理、小型病险水库除险加固、水土保持等民生水利工程建设，为贫困地区经济社会发展提供了坚实的水利支撑和保障。

（三）电力扶贫

国家电网公司（简称国网）发挥资源、技术、服务优势，实施国网“阳光扶贫”行动：一是实施村村通动力电工程，投资 212.7 亿元完成了 7.83 万个自然村通动力电目标，满足了所有自然村动力电需求；二是实施国家光伏扶贫项目接网工程，规划投资 32 亿元，为全部光伏扶贫项目提供接网服务；三是实施 5 县（林区）光伏扶贫工程，投资 7.27 亿元在湖北巴东县、长阳土家族自治县、秭归县、神农架林区及青海玛多县 5 个定点扶贫县（林区）建设 77 兆瓦光伏扶贫电站，所得收益全部用于扶贫，惠及 10 余万人，使贫困村、贫困户有长期、稳定的收益；四是提高西部及贫困地区农网供电服务均等化水平，“十三五”期间贫困县县均电网规划投资达到 3.2 亿元，较“十二五”期间增长 42.4%。三峡集团已投入近 20 亿元用来开展定点扶贫、精准扶贫、援疆援藏援青等扶贫开发工作，并与云南、四川两省签订协议，拟投入 36 亿元支持两省部分“直过民族”如期脱贫，发挥了中央企业大规模支持地方脱贫攻坚的示范作用。在云南，拟投入

20 亿元，实施素质能力提升、易地扶贫搬迁和危房改造、特色产业培育等 6 大工程，支持怒族、普米族、景颇族 3 个人口较少民族如期脱贫，帮扶范围覆盖 3 个人口较少民族聚居区的 100 个村近 10 万人。

二、民族地区基础设施扶贫的薄弱环节

第一，少数民族贫困人口主要分布在丘陵、山地、戈壁、荒漠等不宜集约开发的地区，生存条件恶劣，生态环境脆弱且自然灾害多发，导致民族地区基础设施薄弱，脱贫基础不牢固，扶贫资金需求量大。第二，因地方债务包袱较重，民族地区综合交通网络体系不完善，水利、能源、信息化设施支撑体系尚未建成，基础设施投资、建设与发展落后于全国平均水平，基础设施建设的长期欠账成为民族地区脱贫攻坚的主要瓶颈。第三，资金筹措方式单一、渠道狭窄，尤其是金融支持乏力。目前，民族地区金融机构参与基础设施扶贫的方式仍然以传统流动资金和固定资金贷款为主，而传统的基础设施贷款期限长、额度大、风险大，其管理成本高且难度大。近年来，一些地方尝试通过投融资贷款平台公司进行贷款，但实际运作过程还不规范，与预期效果有一定的距离。第四，民族地区基础设施建设标准较低，能够带动周边工业、农业、旅游、物流等产业发展的高等级公路、铁路及航线还很欠缺，山区、牧区等偏远乡村的通信设施较为落后，信息化水平低、稳定性差，部分地区甚至不具备发展电子商务等新兴产业的条件。西部许多地区还因缺水问题影响了社会资本参与扶贫开发，严重制约了相关产业的发展。第五，基础设施建设投入大、周期长，民族地区脱贫攻坚任务紧迫，容易产生急功近利的倾向。有的地方不顾当地实际，热衷于作秀、搞花架子，在公路两边修建中看不中用的扶贫"形象工程"；有的地方为了早见效益，工程未经充分论证就上马，建设过程中赶工期、省材料，随意降低施工标准，导致工程质量差、使用效率低，甚至个别地方出现工程竣工后仍然无法使用的现象。

第二节 民族地区交通扶贫现状及发展策略——以重庆市彭水县为例[①]

一、彭水县交通扶贫概况

彭水苗族土家族自治县（简称彭水县）位于重庆市东南部，地处武陵山区，居乌江下游。该县总面积 3903 平方公里，辖 3 个街道、18 个镇、18 个乡、296 个

① 本节内容整理自课题组赴重庆市彭水苗族土家族自治县交通委员会获得的调研资料。

村（居），户籍人口 70.3 万人。全县有苗族、土家族等 11 个少数民族，占总人口的 63.9%，是重庆市唯一以苗族为主的少数民族自治县。彭水县是重庆“一圈两翼”发展战略中“渝东南一翼”的门户，形成了以公路、铁路、水路为一体的水陆交通枢纽，是渝川地区出入东南沿海陆上交通的咽喉要塞。重庆至湖南长沙高速公路（渝湘高速公路）途经彭水县。从彭水县到重庆市区 180 公里，到长沙市区 550 公里。319 国道横贯彭水县全境，与渝湘高速公路形成两条畅通的大动脉。境内有彭酉、彭务、彭武、彭黔 4 条二级公路与周边地区相连。渝怀铁路途经彭水县，横贯渝东南，为川渝出海铁路大通道，铁路可达上海、广州、深圳、厦门等地。铁路货运能力为 26 万吨/年。乌江纵贯彭水县全境，再汇入长江，距长江口约 120 公里，1000 吨级船只可直达重庆、武汉、上海等地。

截至 2016 年底，彭水县农村公路里程为 4822 公里。其中，县道共 204 公里，沥青路面 154 公里、水泥路面 50 公里；乡道共 381 公里，沥青路面 154 公里、水泥路面 227 公里；村道共 4237 公里，沥青路面 64 公里、水泥路面 2686 公里、泥结碎石路面 1487 公里。全县公路路网密度以国土面积计算为 142.83 公里/百平方公里，以人口数量计算为 81.98 公里/万人，乡镇通畅率、行政村通畅率、撤并村通畅率达 100%。目前，已建成农村招呼站点 366 个，农村客运线路 107 条，有农村客运车辆 347 辆。彭水县全县 296 个村、社区中已通客车 279 个，县、乡道公路安保工程覆盖率达 100%。全县水路里程 288 公里，其中乌江通航航道 67 公里。渝怀铁路在彭水县境内长 68 公里，总投资约 24 亿元，已于 2006 年 11 月正式通车，铁路日发送旅客 600 人次以上。总体上，由国省道和农村公路组成的彭水县公路网，以及水路、铁路运输网共同构建的立体式交通网，为解决山区群众出行难问题和交通扶贫奠定了基础。

二、彭水县交通扶贫的措施及成效

（一）农村公路建设进展迅速，有力助推脱贫致富

（1）围绕大局，科学制订交通规划。彭水县根据全面建成生态特色宜居城、生态旅游目的地、生态产业发展区、生态文明示范县的目标定位，以及限时打赢脱贫攻坚战、全面建成小康社会的战略部署，将农村公路规划与新农村建设规划及农业产业、旅游产业的发展规划相结合，既解决了群众出行难问题，又注重促进产业发展。彭水县编制完成了《彭水自治县综合交通运输“十三五”发展规划》《彭水自治县县乡道公路网布局规划》《彭水自治县“十三五”公路养护发展规划》《彭水自治县城乡客运“十三五”发展规划》等一系列交通规划，为加快推进新型城镇化、农业现代化、旅游产业化和促进贫困群众脱贫致富制订了路线图和时间表。

（2）多方筹资，强化资金保障。彭水县在交通扶贫过程中，以上级扶持、业主自筹、多元化投入为原则，形成了“七个一点”的筹资模式：向重庆市争取一点，即通过加大向市交通委员会、市公路局争取各项支持，确保建设资金按时足额到位；县级相关部门资金打捆一点，即通过打捆使用以工代赈、财政扶贫、民族发展资金等专项经费，加大整合力度，合力支持偏远山区农村公路建设；银行贷款一点，即2016年重庆福冠交通建设投资集团有限公司（简称福冠集团）向中国农业发展银行申请贷款4.4亿元用于农村公路建设，拓宽了交通扶贫的融资渠道；群众筹资投劳解决一点，即通过深入宣传，广泛动员社会捐资和群众投工投劳，帮助解决部分资金和劳动力缺口的问题；科学管理节省一点，即通过加强过程管理，科学制定施工组织方案，最大限度降低农村公路建设成本，节约部分资金；联合建设融入一点，即通过与公路周边受益厂矿企业联合开展建设，实现交通扶贫与产业扶贫对接；相关部门减免一点，即在办理工程审批手续时，县林业局、环保局、国土房管局、水务局等部门依照有关规定减免部分费用。

（3）精简流程，降低成本。为加快农村公路建设，提高脱贫攻坚的能力，彭水县在项目建设过程中，对“村通畅”项目实行邀请招标制度，选择近年来在交通行业有资质、有实力、有技术，且群众认可度、诚信度高的企业施工，以保证农村公路建设质量；对“村通达”项目采取直接发包的办法，由项目业主组织发包并实施，动员群众投工投劳共同参与建设，严格把关工程质量，快速推进公路扶贫工程建设；对农村公路建设资金的审批流程，由原来的9个环节简化为5个核心环节，大大提高了行政审批效率。流程简化后，每个项目至少缩短前期工作准备时间2个月，节约了建设成本。

（二）农村公路管养更加规范，服务效能大幅提升

（1）加大农村公路资金投入，切实加强公路日常养护和保养。自“十二五”以来，彭水县累计投入农村公路养护资金8275万元，其中日常养护经费4275万元（县道2625万元、乡道735万元、村道915万元）；因暴雨、洪水造成路基、路面、桥梁及其他设施的损毁（简称水毁）整治资金3000万元，用于购买农村公路水毁保险及保险外的公路水毁整治；大修整治资金1000万元，完成了彭黄公路、香高公路、保迁公路、小桐公路等大修整治工程。采取定员养护、承包养护和委托养护等方式，全面加强公路日常养护管理、小修保养和一般公路损毁小修保养，完成了县城至阿依河公路、县城至摩围山旅游公路，以及火车站出口路段的维修整治。

（2）理顺公路养护管理体制，建立健全管养工作机制。该县将原县国道养护管理段和县养路段合并组建了县公路局，并将其路政执法中队分离，单独成立县路政管理大队。县农村公路实施分级管养模式，即县公路局、路政管理大队负责

县道的养护管理工作，乡镇（街道）负责乡道的养护管理工作，村养护协会负责村道的养护管理工作。同时，不断完善养护管理机构，充实相关工作人员。县公路局增设了农村公路管理办公室，负责指导农村公路管养工作，按照公路行业技术标准，定期对农村公路养护质量进行考核评定，即对县道、乡道、村道分别实行月度、季度和半年度考核评定。

（3）积极探索农村公路养护新模式。每年由县财政投入资金 300 万元，为全县农村公路购买保险，由保险公司承担农村公路因自然灾害造成损毁的风险，2015 年和 2016 年分别获赔 330 万元和 500 万元，在一定程度上弥补了养护资金的不足。投资 500 余万元新建了渝东南片区智能化公路养护应急基地，并投入资金 300 余万元配备了专业养护设备，大力推行人机结合养护作业，提高了养护机械化水平。基地现有综合养护车 1 台、道路清扫车 2 台、灌缝车 1 台、装载机 3 台、大型轮式挖掘机 1 台、小型轮式挖掘机 1 台、抢险照明车 1 台、多功能工程车 1 台、空压机 2 套，已具备二类乙级公路养护资质。

（三）加强公路路政管理，发展便民农村客运

彭水县通过每年的“路政宣传月”活动，组织义务宣传员深入厂矿、企业、学校，广泛开展路政宣传，共计发放各类宣传资料 5 万余册，在电视台进行专题宣传 6 场次，设置宣传牌 70 余块，增强了群众爱路护路的意识。以干线公路、旅游公路为重点，及时发现并制止公路沿线违章建筑和违规占用公路的行为。“十二五”以来，共计拆除违章建筑 59 处，清理公路乱堆乱占 3777 处，恢复公路护栏 39 369 米，受理投诉案件 159 件，结案率达 98%以上。县路政管理大队将乡村公路的行政检查权、违法行为制止权和行政处罚权委托给乡镇（街道），聘请了部分村干部作为路政协管员，参与公路巡查工作，形成了齐抓共管的局面，有效维护了公路路产路权。在农村客运公交化和招呼站点建设方面，彭水县在城镇化水平较高的乡镇全部开行公交线路，为方便偏远乡村居民出行，农村客运站点（招呼站点）与新改建农村公路项目同步设计、同步建设、同步交付使用。全县已建成农村客运招呼站点 366 个，公交汽车实行低票价运营，全面落实 70 周岁以上老人和学生、残疾人等特殊群体的优惠政策，群众出行更便捷、更舒适、更安全。

三、彭水县交通扶贫面临的主要困难

首先，农村公路建养资金缺口较大。2006～2016 年，重庆市累计下达农村公路“村通畅”项目 189 个 1873 公里，补助资金 7.4 亿元；下达“村通达”项目

131 个 393 公里，补助资金 1.26 亿元。彭水县实际建成“村通畅”项目 2686 公里，总投资 12.89 亿元；实际建成“村通达”项目 2579 公里，总投资 2.71 亿元。提高标准建设和超前实施，导致农村公路建设资金缺口达 6.94 亿元（通畅公路建设资金缺口 5.49 亿元，通达公路建设资金缺口 1.45 亿元）。彭水县应纳入养护的村道共 4237 公里，但实际得到市级认可并补助养护经费的里程为 1200 公里，剩余 3037 公里的村道未获养护补助经费，每年缺口约 300 万元。市级每年补助彭水县养护资金 855 万元，但需按 1∶1 的比例实行县级配套，因县财政资金有限，无法予以落实。该县每年还有约 1700 万元水毁和大修整治资金没有来源。因此，彭水县每年农村公路养护经费缺口达 2855 万元。

其次，通过公路建设带动脱贫致富的能力较弱。彭水县土地面积广、人口分散，农村公路路网密度、通达深度和畅通程度仍很低，制约了部分脱贫产业向纵深发展的能力。例如，由于农村公路路网结构不合理，农村公路断头路多，与周边区县之间、乡镇与乡镇之间、村组与村组之间的互联互通水平低，迂回运输情况普遍，公路服务效率不高，难以满足电商物流、旅游客运等脱贫产业的发展需求。该县公路等级普遍偏低，据统计，全县二级及以上等级公路仅占公路总里程的 6%，远低于重庆市的平均水平。村道公路因受地形和资金限制，大部分道路的路面宽度仅为 4.5 米，且路面状况较差、错车道较少。“大走访、回头看”活动调查摸底发现，群众目前迫切要求新建或硬化的公路超过 3000 公里，现有公路交通瓶颈仍然制约着农村公路运输服务能力的提升，对优质农副产品走出山村转化为经济效益造成了阻碍。

再次，农村公路养护人员缺乏，重建轻养的现象仍然存在。随着公路建设加快，养护管理需求不断增加，但相关部门对其重视程度不高，各乡镇没有设置独立的公路养护管理机构，日常工作职责多由安全生产监督管理办公室人员兼任，由于安监工作本身压力大、任务重，工作人员分身乏术，投入公路养护管理的精力有限。目前，全县现有在编专职管养人员仅能承担国道及部分省道的养护任务，其余省道及县道的养护工作只能承包给当地农民来完成，养护水平较低。加上养护经费不足，部分贫困乡镇没有配备固定的专业养护人员，主要采取季节性临时养护的方式维持运行，养护质量难以保证。

最后，路政管理工作有待加强，农村客运发展面临新挑战。近年来，在公路控制红线内乱修乱建、乱堆乱放等现象仍时有发生，群众爱路护路意识还有待提高。在交通网络的覆盖和完善过程中，路政管理所涉及的领域不断扩大，利益诉求日益多样化，对路政执法人员的业务能力提出了新的要求。随着私家车增多，农村居民的出行方式发生了深刻变化，其对公共交通的依赖性降低，农村客运量呈下降趋势。由于偏远乡村居民居住分散，运输成本高、利润少，部分客运车辆经营者在合同到期后不愿意继续运营，可能会给一些贫困群众的出行带来新的阻碍。与此同时，城镇化较快地区的周边农村人口流出量大，常住人口少，日常出行需求不高，导致运力资源闲置。

四、彭水县交通扶贫的保障对策

（1）多方筹资填补资金缺口。立足重庆市“生态保护发展区”的功能定位和“三大功能区”划分，对接国家“一带一路”和长江经济带发展等重大倡议与战略要求，紧抓交通基础设施建设的机遇期，争取更多的政策支持和资金投入。在当前宏观政策的惠及下，用足、用好国家政策性贷款资源，充分利用福冠集团的融资优势，深化与银行金融机构的合作，引入社会资本参与项目建设、管理、养护和运营，进一步拓宽投融资渠道，增强筹资能力。加强部门协调，统筹使用各类专项资金用于交通建设和公路管理，为交通扶贫提供资金保障。

（2）大力推进农村公路建设，激发交通扶贫的牵引联动效应。重点围绕乡村旅游、电商物流、易地扶贫搬迁等扶贫产业发展需要，以及满足贫困群众的多层次出行需求，逐步按照路基宽度 8.5 米的标准推进一批县乡公路改造升级工程，按照四级公路标准新改建一批联网公路和撤并“村通畅”公路，对路基宽度小于 4.5 米或路面宽度小于 3.5 米的窄路面路段进行拓宽加固，以达到投放客车和运输大宗物资的通行要求。加强公路路网建设，尤其是强化干线延长线和支线建设，打通“断头路”，疏通“肠梗阻”，实现县域交通网络对偏远民族地区延伸覆盖。调动贫困群众参与的积极性，吸纳公路沿线农村剩余劳动力投工投劳，依托公路建设引导产业和人口集聚，扩大县城和重点镇规模，促进贫困人口创业增收。

（3）强化农村公路养护管理。明确各级农村公路建设的主体责任，设置专门的养护管理机构，建立“统一领导、分级管理、以县为主、乡村配合”的长效管养机制。完善农村公路养护管理工作制度，将“畅、安、舒、美”作为公路行车环境综合治理的目标，全面实施“四大工程”，即文明样板路示范工程、公路养护畅通工程、科学养路创新工程、职工文化素质提高工程。增强养护人员的服务意识、责任意识，提高公路养护管理水平，构建科学合理的绩效考评体系，通过月检查、季考核的方式，加大对以乡镇（街道）为主体的农村公路养护管理工作的监督考核力度，确保乡村公路通行安全、顺畅。

（4）加大路政管理力度，创新农村客运模式。严格管控公路红线，对乱堆乱占、乱搭乱建的行为重拳出击。强化源头治理和综合治理，建立超限超载治理的有效机制，切实维护路产路权。加大公路法律法规的宣传教育力度，提高群众爱路护路的意识。健全县、乡、村三级路政管理体系，通过开展业务培训，提高基层执法人员依法管理的能力。深入农村客运市场调查研究，评估未通客运贫困村的运力投放效果，实行农村客运片区化经营。按照“多站合一、资源共享”的方式，积极推广货运班线、客运班车代运邮件等适应现代电商物流储运需要的新模式，逐步建成覆盖偏远地区的农村物流网络，实现交通扶贫与产业扶贫、旅游扶贫等的无缝对接。

第三节 民族地区水利扶贫现状及发展策略——以贵州省黄平县为例

一、黄平县水利扶贫概况

黄平县是贵州省黔东南州下辖县，全县面积 1668 平方公里，辖 8 镇、3 乡和 2 个工业区。2014 年末全县人口 38.2 万人，居住着多个民族，其中少数民族人口占总人口的 64.2%。黄平县位于贵州省东南部，黔东南州西北部，东接施秉，南邻台江、凯里，西连瓮安、福泉，北与余庆接壤，其地势由西、西北向东、东南部逐渐降低，山脉多呈北东走向，地形在北部为武陵山余脉，南部为苗岭山余脉，中部为河谷坝子和丘陵地带。该县属亚热带季风气候区，雨量充沛，年均降雨量 1307.9 毫米。境内河流属长江水系，有 100 多条河流，主要有重安江、舞阳河、平溪河、西堰河、苗里河、野洞河等。截至 2014 年，黄平县水能资源蕴藏量为 7.76 万千瓦。

在农村饮水安全方面，“十一五”以来，黄平县实施农村饮水安全工程，全县已解决 35.62 万农村人口饮水安全问题，农村自来水普及率达 90%以上。在农田水利建设方面，黄平县实施重点水源工程、小农水工程、水生态保护工程、基本口粮田建设工程、中低产田改造工程的建设，着力提升农业综合生产能力，以抵御水旱灾害。2009～2015 年，黄平县依托中央财政投资小型农田水利建设重点县的平台，通过整合资金项目，农田水利建设得到了快速发展。在重点骨干水利建设方面，该县采取有力措施，加快在建水利工程项目施工。目前，抗旱应急水源土牙坡水库工程、重点骨干水源冷水河水库工程，以及旧州镇岑坡村、大碾房村、一碗水乡石坡村农村饮水安全巩固提升工程、重安镇水厂改造工程和各灌区维修养护工程建设进展顺利。在水利体制机制改革方面，2014 年 10 月，黄平县启动小型水利工程产权制度改革，各类水利工程产权得以明晰，管理主体及责任单位得以明确，创新了产权管理模式。2015 年底，黄平县在黔东南州小型水利工程产权制度改革工作考核中以 94.5 分的成绩通过验收。

二、黄平县水利扶贫的措施及成效

（一）精准解决农村饮水难问题

水利扶贫的重要内容之一是解决建档立卡贫困人口的饮水安全问题。黄平县按照三年脱贫出列的总目标，在完成贫困缺水人口调查统计和建立台账的基础上，由县水务局组织技术力量，编制了全县贫困缺水农户饮水工程的实施方案。该县优先利用现有农村供水工程管网，向贫困人口相对集中且具备建厂条件的地区延伸，因地制宜建设一批集中供水工程。对居住分散的贫困户，采用单户或联户打井简易取水的方式解决饮水困难问题。结合脱贫攻坚实际，设计出建档立卡贫困人口农村饮水安全工程验收签证表，将户主姓名、身份证号、家庭贫困人口数量、贫困户属性、饮水解决方式（管网延伸、新建工程、分散打井）、解决时间等相关指标列入表中，由当地政府组织水务站、扶贫开发办公室、财政所逐户对照验收，户主签字、村委会盖章，并附贫困户安全取水证明。2017年，黄平县仍需解决农村贫困人口8864人的饮水安全问题，围绕该目标已完成调查统计和建立台账工作，专业技术人员对工程项目进行了实地勘察和规划设计，确保如期完成饮水工程任务。

（二）深入推进农田水利建设

该县以效益不明显的不选、不集中连片的不选、群众和乡镇积极性不高的不选、对支持水价改革和水费实收率高的优先、效益明显和工程建成后管理到位的优先、能及时解决灌溉矛盾和促进社会稳定的优先为原则，通过农村“一事一议”制度，落实群众投工投劳的任务，明确工程建设、管理及维护的分工与责任。围绕“渠道不乱、用途不变、优势互补、各记其功、形成合力”的目标，用规划来整合项目，以项目来促进资金整合，从而提高农田水利资金的使用效率。在项目整合方面，以规划为龙头，把扶贫开发、农业综合开发、商品粮基地建设、土地开发治理、烟水配套工程等专项资金集中打包使用。在部门整合方面，加强组织领导，落实整合资金计划，成立由县政府牵头，县财政局、水利局、发展和改革局、国土资源局、农业局、烟草专卖局等部门参加的农田水利设施建设项目领导小组，负责组织协调全县农田水利设施建设资金整合和项目实施工作。在资金监管方面，县财政局、审计局、监察局等部门加强对农田水利设施建设项目资金的监督和检查，保证资金整合到位。坚持“四制”管理，即工程质量实行终身负责制；工程质量、进度管理实行村组监督制；各标段实行全程旁站监理制；定期或不定期工程质量抽检制。另外，该县还制定出台了《黄平县小型农田水利重点县建设项目水利设施管护办法》，落实了管护主体，建立了严格的管护制度。

（三）大力实施重点骨干水利项目

为加快各类水利扶贫项目进度，黄平县进行了周密的部署和安排，认真做好新开工建设项目的施工准备工作，已完成小型农田水利重点县项目、污水处理全覆盖（二期）主体项目、安江河综合治理项目、重兴古石坎梯田保护项目的前期招标、设计及进场工作；对谷陇镇极贫乡镇的水利扶贫项目、水土保持项目、石漠化综合治理项目，已及时联系设计单位，统筹规划和精心设计；对贫困乡村的主要支流、中小河流治理等水利项目，实施了抗旱应急备用水源工程、山塘水库除险加固工程，提高了水量调蓄能力和抗旱能力；对贫困地区的农村饮水安全项目，实施“乡乡有稳定水源”工程，有效补齐了地方社会发展用水短板，扫清了制约水利扶贫的障碍。通过大力实施重点骨干水利工程项目，为贫困地区可持续发展提供了可靠的防洪安全、供水安全、生态安全和粮食安全保障。“十二五”以来，黄平县共修建输水渠道 500.65 公里、拦河堰 19 座、渡槽 4 座、引水隧道 1 座、输水倒虹管 1 座，新建提灌站 7 座，维修整治山塘 58 座，铺设田间管网 45 公里，完成有效灌溉面积 67 855 亩，全县粮食综合生产能力达 13.267 万公斤。据统计，2015 年全县生产总值 43.66 亿元、粮食产量 10.7119 万吨，分别较上年度增长了 12.9%和 1.5%，农村居民人均纯收入 6526 元，同比增长 12.2%。

（四）有效促进水资源可持续利用

自 2015 年起，黄平县开始推行水务改革的三级管理新机制。由县水利局、环境保护局、卫生和计划生育局等部门牵头，执行最严格的水资源管理制度，加强水质动态监测和水土保持治理，保障饮用水水源安全、水质达标和水量稳定。对供水公司的运行管理、水价制订及水费收取、服务质量进行监管，确保群众用上干净水、放心水、廉价水。乡镇干部负责处理供水与水源分配环节中的各种矛盾纠纷，让贫困群众参与供水工程管理和监督，并及时反馈信息。供水公司实行市场化运作，自主经营、独立核算、自负盈亏，负责直接向用户供水，公示水价，保证供水区域均衡受益。水费统一由供水公司管理人员收取，发放用户手册，开具发票，实行财务收支两条线管理。对偏远村寨的贫困群众饮水工程和分散供水工程建设采取参与式管理，由公司提供技术指导，村级用水协会负责工程的日常运行和维护，将村民代表纳入水务管理和运营监管体系。

（五）全面深化水利体制机制改革

黄平县将水利扶贫与贫困乡村国有水利工程管理体制改革、小型水利设施产权制度改革、农业水价综合改革有机结合，加大资金补助力度，明晰产权关系，通过租赁、承包、转让等方式，有效盘活农村水利集体资产。鼓励社会和个人投资农村小型水利工程的建设和管理，将符合条件的重点贫困乡镇、村的小型水利工程项目建设和维修养护任务委托给社会组织及个人，调动社会力量参与的积极性，促进了贫困地区中小型水利工程的良性运行，使其扶贫效益得以充分发挥。目前，小型水利工程管理改革工作已全部完成，其中饮水安全工程 210 处、小型水库 31 座、灌溉渠道 213 处、堰塘 320 座、池（窑）40 个，共颁发产权证书 814 件。在已完成的水利改革工程中，国营产权的有 41 处、农村集体经济产权的有 771 处、农民用水合作组织产权的有 2 处。

三、黄平县水利扶贫面临的主要困难

黄平县属于喀斯特地貌，山高谷深，水低田高，降雨时空分布不均，加上长期投入不足，水利基础设施薄弱，有水不能保、有水不能蓄的问题突出，该地区"十日无雨就旱，五日下雨则涝"。大部分山区贫困群众仍靠天吃饭，风调雨顺时能基本解决吃饭问题，但遇到旱涝灾害，容易陷入贫困境况。全县现有的水利工程多数为中小型的，防洪拦蓄能力不足，山洪、泥石流、滑坡等灾害监测与防御能力有待提高。水利设施抗旱能力较弱，应急备用水源建设相对滞后，抗旱应急管理体制机制仍不完善。

由于资金缺口较大，已建成的水利扶贫工程标准较低，辐射带动脱贫效果有限。该县贫困区域多处于深山库区，基础设施建设点多、线长、面广，任务重、成本高，资金投入远不能满足实际需求。水利扶贫涉及的部门众多，总体上由党委政府负责，具体由县水利局、发展和改革局、国土资源局、农业局等十多个部门分管，整合资金量少，难以形成协同效益。多数贫困村经济结构单一，土地撂荒严重，龙头企业、专业合作社、能人大户的带动作用较小。贫困群众思想观念陈旧，科技水平不高，生产经营能力不足，缺乏深度开发利用水利资源和关联产业的意识，脱贫致富门路狭窄，抵御自然风险能力弱。

该县水利扶贫与环保设施建设衔接不够，部分流经城镇和工矿区的河段水污染现象仍然存在。2015 年全县废水排放总量达 157 万吨，其中生活废水排放量 138 万吨，占废水排放总量的 87.9%。生活污水和工业废水治理设施不完善，且运行率低，致使有些河段水质为Ⅳ类或劣Ⅴ类，不具备安全饮用条件。还有的地区因过度使用农药、化肥，使土地、农田和水环境遭受不同程度的污染。“十二五”期间，全县水土流失面积为869.20平方公里，占全县国土面积29.04%，严重的水土流失导致土壤退化、基岩裸露和石漠化程度加剧。

四、黄平县水利扶贫的保障对策

（1）加强农田水利基础设施建设，提高水利扶贫实效。通过完善农田水利设施，改造中低产田，改良土地质量，增加民族地区农村土地的投入和产出。建立健全自然灾害预警机制，提高中小型水利工程抵御自然灾害的能力，减少因自然灾害返贫的现象。推行农田水利设施商业保险，减少自然灾害给周边贫困群众带来的风险和损失。以国家级小型农田水利建设重点县项目为抓手，引进和推广喷灌、滴灌、微灌等高效节水的先进灌溉技术，建设“旱能浇、涝能排”的新型农田水利工程体系。加快贫困地区水利与交通、通信、能源等基础设施的同步规划和配套建设，发挥基础设施扶贫的综合效能，为工农业生产、服务业发展、新兴产业园区建设提供有力保障，推动民族地区资源优势和产品优势转化为经济优势。

（2）构建“政府主导、市场运作、社会参与”的水利扶贫体制机制。强化政府宏观调控的作用，制定水利扶贫的政策措施和实施方案。加大民族地区水利扶贫的投入力度，选派专业技术人员协助乡镇推进重点水利骨干项目建设，特别是要加强对贫困户参与小型农田水利设施建设的指导与帮助，提升规划设计的等级和质量。实行水利部门干部与贫困村、贫困户结对帮扶，按照“单位包村、干部包户、责任到人”的要求，开展水利精准扶贫，提高脱贫“造血”能力。发挥市场在水资源配置中的决定性作用，规范供水企业运营管理，鼓励和支持企业参与水利扶贫。积极争取国际资本对大型水利设施的投资，降低招投标门槛，吸引社会组织、私营业主和贫困群众参与中小型水利设施项目建设，建立多元主体参与水利扶贫的投融资体系及利益共享机制。

（3）依靠科技助推水利扶贫。加大科研成果在水利项目规划、设计、建设及管理中的应用，鼓励省内外发达地区对口支援水利扶贫，输送一批懂技术、善管理的人才。深入开展水利扶贫技术培训，指导水利工程项目规划论证和勘测设计，按照“就近取水、保质保量、蓄引提结合、控制成本、便于维护、科学环保、适用新型”的原则，因地制宜，划片分期，实行“一村一策”“一户一策”，提高水利扶贫的精准度和有效性。借助科教、卫生、环保、能源等行业扶贫的优势，加快科技治污进度，引进一体化污水处理设备、生活和工业废水处理设备、地埋式污水处理设备等，避免污水及污染物直接流入水域，改善水生态环境。建立标准化水质检测中心和水质化验室，配备专职检验人员，确保水质常规检测常态化、全覆盖，对单村单井小型供水工程水质定期抽检，为水窖供水工程配备小型家用净水设备，切实保证农村饮水安全。

第四节　民族地区电力扶贫现状及发展策略——以湖北省鹤峰县为例

一、鹤峰县电力扶贫概况

湖北省恩施土家族苗族自治州鹤峰县位于鄂西南武陵山腹地，古时称拓溪、容米、容阳，曾是容美土司治所，1735 年改土归流后先后设置为鹤峰州、鹤峰县。全县总面积 2868 平方公里，辖 5 镇、4 乡和 1 个经济开发区，人口约 22.4 万人。鹤峰县是巴文化的发祥地，是第二次国内革命战争时期湘鄂边革命根据地的中心，被确定为国家一类老区县、国家级贫困县。2014 年，全县锁定贫困人口 23 328 户 72 387 人、贫困村 51 个，截至 2016 年底，累计脱贫 18 532 户 57 930 人、贫困村出列 21 个，目前尚有贫困人口 4796 户 14 457 人、贫困村 30 个。

鹤峰县大力实施光伏扶贫，有效促进农村扶贫开发和贫困群众长期稳定增收。2015 年 11 月，太平镇唐家村分布式光伏发电项目建成，项目总装机容量 31.68 千瓦，采用多晶硅光伏电池组件，共有 3 台 20 千瓦组串型光伏并网逆变器，关键设备是太阳能光伏组，通过半导体的光生伏特效应产生直流电，光伏组件将单片的半导体适当串联起来达到较高的电流和电压。并网发电后，上网订购价为 0.4416 元/度，农户在满足家庭用电所需的同时，享受到国家光伏发电补贴 0.42 元/度和湖北省能源补贴 0.25 元/度。2017 年 5 月，由鹤峰县烟草专卖局援建的光伏发电项目在容美镇长岭村正式并网运行，项目投资 30 万元，设计功率为 35 千瓦，设计使用寿命 25 年，光伏发电板架设在村委会屋顶上，每年为村集体增加收入 5 万元以上。光伏发电项目建设不仅增加了贫困农户收入，还破解了集体经济“空壳”难题，每年可产生固定收益，相当于给长岭村送去了一台“造血机”。

二、鹤峰县电力扶贫的措施及成效

（1）农网改造助力精准脱贫。“十一五”以来，鹤峰县筹集资金 400 余万元，对部分偏远乡镇农网线路进行了改造；投资近 600 万元完成了 110 千伏变电站增容改造工程，解决了走马镇和铁炉乡小水电上网、大型工矿企业和江坪河重点工程用电卡口问题；投资 120 多万元完成了 35 千伏变电站改造工程，彻底改变了五里乡供电质量得不到保障的状况。走马镇红土村共有用电户 452 户，因地处偏远、山大人稀，该村的用电一直不稳定，尤其是近几年生产生活用电需求迅速增加，供电半径过大、低电压的问题严重影响了村民的正常生产生活，制约了当地茶叶加工等产业的发展。2017 年，县供电部门及时启动新一轮农网改造工程，选派了一支精干的队伍深入山区村寨组织施工。工程一期投资 250.82 万元，重点解决低电压及供电安全隐患问题。电网扩容升级后，主干线不稳和茶叶加工厂及村民用电情况得到明显改善，为推动脱贫致富增添了动能。

（2）光伏发电促进整村脱贫。为实现精准扶贫，确保贫困户稳定增收，通过积极争取，容美镇长岭村成为鹤峰县光伏扶贫试点村之一，并将光伏发电项目列为该村整村脱贫的重点任务。长岭村距县城 22 公里，长期以来，“交通不便、产业薄弱”是这个偏远小山村的代名词。近几年来，该村借助精准扶贫东风，不断改善基础设施建设，出行难的问题得以基本解决，但要想达到能致富的目标还存在较大困难。长岭村海拔较低，绝大部分地区地形开阔，日照时间长，光源充足，是建设光伏发电站的最佳场所。结对帮扶单位县烟草专卖局创新授之予渔的“造血式”扶贫模式，经过多次讨论并在反复邀请县、镇两级扶贫部门入村实地考察后，决定实施光伏发电项目帮扶计划。由县烟草专卖局捐助、村委会自行招标施工的 35 千瓦光伏发电站于 2017 年 5 月并网发电后，全村贫困户 99 户 310 人全部受益。

（3）创新电力企业结对帮扶模式。国网鹤峰供电公司以党委领导班子成员为主体、下属 10 个党支部为单元、党支部书记为责任人、全体党员干部为成员，完善结对帮扶组织体系，探索形成了“1＋1＋1”贫困党员扶贫帮困模式，即 1 名公司党委委员带 1 个基层党支部，帮扶 1 个特困党员家庭。公司以思想疏导为切入点，有效减轻企业贫困党员因为贫困长期积压的思想包袱；以资金帮扶为辅助，解决他们暂时的生活困难；以产业发展为主导，因地制宜、属地发展，改变过去单一物质帮扶的方式，引导他们借助组织帮扶，依靠勤奋劳动实现脱贫致富。例如，退休贫困党员胡鹤元在结对帮扶下，利用自己身体条件较好和居住在城镇的优势，与儿子一起开起了家装公司，创业打拼，每月都有可观的收入。公司通过党员“红心结”“师带徒”等技能帮带形式，有效弥补贫困党员的技能短板，使他们精神不贫困、手中有绝活、生活充满信心。又如，特困党员覃明在多名党员的帮带下，苦练电力维修功夫，因为技能过硬，他多次参加全州技能比武，在为公司争得荣誉的同时，增添了克服自身困难的信心。此外，公司还对政府安排的结对联系社区和乡村特困党员进行帮扶，丰富了电力扶贫内容，使企业社会价值得到更大彰显。

三、鹤峰县电力扶贫面临的主要困难

鹤峰县属于国家级贫困县，电力基础设施底子薄，尤其是偏远贫困山区的农网供电能力、供电可靠性及装备水平偏低。农网改造之后，农村电网普遍得以改善，但因资金不足仍遗留下了一些问题，如有的地方采用废旧材料的二次利用，改造效果不彻底、质量不达标，其与“内增外入、网源并举、协调发展”的目标还有一定差距。该县山高坡陡、地质复杂、极端气候频发，属湖北省自然灾害最为严重的县市，电路灾后抢修难度大。由于资金、技术等原因，部分光伏扶贫电站设计粗放，如阵列间距设计不合理，在低洼处选址建设，存在泥石流、滑坡风险等。村级光伏电站施工质量缺乏严格监管，影响发电性能及安全性能，防雷系统、过流、过压保护系统故障，容易引发火灾事故。由于后期维护管理不当，贫困村集体和贫困户缺乏专业知识，部分设施出现杂草遮挡、逆变器停机、组件破损的现象，影响实际发电能力，有些达不到收益要求，扶贫成效不明显。光伏发电的地域依赖性强，地理位置不同，气候不同，使各地区日照资源相差较大。光伏发电存在的波动性大、间歇性强、发电性能不稳等缺陷也对光伏扶贫造成了困扰。光伏发电产业的经济增长除了包括电量的销售收入，还来源于电价的补贴，但目前该县尚未列入全国光伏扶贫试点县和湖北省“三县一区”村级光伏扶贫电站建设计划，因此政策性支持略显不足。

四、鹤峰县电力扶贫的保障对策

（1）立足“三个结合”，促进农网改造与脱贫攻坚深度融合。要把新一轮农网改造工作与精准扶贫紧密对接，以高度的责任感和使命感，认真抓好落实。结合民族地区新型城镇化、产业现代化、易地扶贫搬迁等，以适应农副产品加工、乡村旅游、农村电商等新兴产业发展，以及农民消费升级的用电需求，推进小城镇和中心村电网的改造升级；结合高标准农田建设和推广农业节水灌溉，完善偏远民族乡村农业生产供电设施，在条件适宜的地区实现机井用电全覆盖；结合现有承载力和将来用电需求，把资金投向完善配电网网架、电压质量治理、提升智能化水平和装备水平、提高抵御自然灾害能力等方面。加快构建农网改造升级技术标准体系，采取“一所一册”“一村一册”，明确贫困乡镇、中心村、农村机井的改造标准，以点带面、全面铺开。加强项目全过程管理，高标准、严要求建设，建成安全可靠、经济高效、技术先进、环境友好，与小康社会相适应的现代配电网，不断促进农村消费升级、关联产业发展，让群众用上优质放心电。

（2）统筹“建、维、优”，推动光伏扶贫精准发力。在建设方面，要科学规划、目标引领、因地施策，克服盲目性和随意性。整合财政资源，激活金融资金，吸纳社会资本，多渠道、多形式、多元化筹资，保障光伏扶贫项目顺利实施。采取堵疏结合的方式引导发展分布式光伏，对“弃光限电”现象突出的地方暂缓新建电站项目[①]。打通电网接入通道，合理制定光伏扶贫电站并网运行和电量消纳方案，及时拨付上网电费和新能源补贴转移支付，提高能源利用率和增收实效。在维护方面，要强化组织领导，推动专业集中运营、日常属地维护、电力技术服务联动发展。完善村级光伏扶贫电站管理办法，将运行维护工作纳入脱贫攻坚考核及督查范围，确保电站安全、稳定、高效运转。在优化方面，要构建带贫减贫长效机制，通过设置公益岗位、组建光伏合作社等形式优化收益分配，创新光伏扶贫与贫困户利益联结模式，使光伏扶贫政策红利惠及贫困群众。

（3）实行多能互补和协同供电，带动清洁能源扶贫开发。县乡电力企业应将发展重点调整到满足脱贫攻坚中群众电力需求的项目上，优先建设清洁能源分布式热电冷三联供系统。在县城区、中心镇、易地扶贫搬迁产业园区、旅游景点、大型公用设施等新增用能地区，加强终端供能系统的统筹设计和一体化建设，促进传统能源与新能源协同开发利用，优化电力、燃气、热力、供冷、供水管廊等基础设施布局，通过天然气热电冷三联供、分布式可再生能源和能源智能微网等方式，为产业扶贫提供能源支撑。在有条件的地方，尝试风光水火储多能互补系统化运行，增强电力输出的稳定性，提升电力系统消纳风电、光伏发电等间歇性可再生能源的能力和综合效益。结合售电侧改革，探索政府和社会资本合作等模式，引入社会力量参与局域电网改造升级，完善水电利益共享等能源资源开发、收益分配政策，建立电力普遍服务补偿机制，促进更多贫困地区和贫困群众从新能源开发中受益。

① 我国西部地区建有许多集中式光伏发电站，但当地电力需求较弱，电网配套设施建设滞后，制约了光伏大规模集中上网，一些地方不得不采取“弃光限电”的措施。相比之下，分布式光伏发电遵循“自发自用、余电上网”的原则，大部分产能由用户自我消纳，其对电网的冲击较小，更适合民族地区电力扶贫的实际需要。

参 考 文 献

阿地里江·阿吉克力木. 2016. 仁爱慈善是穆斯林追求的崇高境界——伊斯兰教界参与扶贫济困的探索与实践[J]. 中国宗教（1）：26-27.

陈丽琴. 2017. 少数民族村寨旅游精准扶贫中的多维排斥与化解之道[J]. 黔南民族师范学院学报，37（3）：80-84.

陈全功，程蹊. 2014. 少数民族山区长期贫困与发展型减贫政策研究[M]. 北京：科学出版社：169.

陈小丽. 2015. 基于多层次分析法的湖北民族地区扶贫绩效评价[J]. 中南民族大学学报（人文社会科学版），35（3）：76-80.

陈旭清，侯远高. 2013. 中国民族地区社会组织参与公共服务研究[M]. 北京：中央民族大学出版社：65-87.

戴小明. 2016. 民族地区精准扶贫的核心在教育——武陵山片区一所偏远乡村小学的调查与思考[J]. 中央民族大学学报（哲学社会科学版），43（6）：70-74.

邓小海. 2016. 旅游精准扶贫理论与实践[M]. 北京：知识产权出版社：112.

董世举. 2009. 对口支援西藏发展的问题和对策[J]. 广东技术师范学院学报（11）：20-24.

都永浩，丁岚峰，左岫仙. 2017. 职业教育服务少数民族和民族地区精准扶贫精准脱贫研究——以黑龙江省为例[J]. 黑龙江民族丛刊（1）：50-57.

杜熙. 2017. 论民族地区精准扶贫工作中的主体性构建[J]. 学术界（8）：191-197.

段超，黎帅. 2017. 导游与湘鄂西民族旅游区文化变迁[J]. 中南民族大学学报（人文社会科学版），37（4）：83-87.

段超，李俊杰. 2014. 武陵山片区扶贫与民生发展报告 2013[M]. 武汉：湖北人民出版社：123-126.

范东君. 2016-05-25. 化解易地扶贫搬迁困境——以湖南为例[N]. 中国社会科学报，4.

范建荣. 2017-06-02. 提升定居率：宁夏易地扶贫搬迁的关键[N]. 中国民族报，8.

方堃. 2016. 城市民族事务治理社会化问题研究[M]. 北京：人民出版社：196.

方堃，程思甜. 2017-04-21. 如何引导社会组织参与民族地区精准扶贫[N]. 中国民族报，6.

方堃，杜心怡. 2016-12-09. 如何阻断民族地区贫困代际传递[N]. 中国民族报，5.

方堃，杨欣. 2017. 民族地区农村电商扶贫的困境及对策研究[J]. 黔南民族师范学院学报，37（3）：85-88.

方鹏骞，苏敏. 2017. 论我国健康扶贫的关键问题与体系构建[J]. 中国卫生政策研究（6）：60-63.

方盛举. 2017. 国家治理现代化进程中的政府与社会[J]. 哈尔滨工业大学学报（社会科学版），19（1）：24-30.

冯莉钧，汤少梁，马蓉. 2017. 基于供给侧改革的健康扶贫优化路径研究[J]. 卫生经济研究（4）：19-22.
高飞. 2017. 精准扶贫与民间组织转型：基于政治-过程的二维分析[J]. 中南民族大学学报（人文社会科学版），37（5）：133-137.
高玉峰. 2017. 中国职业教育扶贫：从全覆盖迈向全面精准[J]. 中国职业技术教育（6）：37-41.
葛剑雄. 1997. 中国移民史[M]. 第一卷. 福州：福建人民出版社：54-65.
宫芳芳，孙喜琢，邱传旭，等. 2015. 我国医养融合养老模式实践现状[J]. 现代医院管理（2）：2-4.
谷成立，覃涛. 2006. 鹤峰县电力公司“创新发展”探秘[EB/OL]. http: //www.hbhfzx.com/Item/6834.aspx[2006-08-22].
谷丽萍，方天堃. 2006. 旅游扶贫开发新论[J]. 云南财贸学院学报（社会科学版），21（3）：94-95.
顾海娥. 2017. 民族地区精准扶贫的实践困境及解决路径——基于利益相关者理论的分析[J]. 新视野（2）：41-46.
郭景福，赵奥. 2017-04-14. 民族地区如何推进特色产业扶贫[N]. 中国民族报，8.
国家烟草专卖局信息中心. 2017. 湖北鹤峰县局捐资30万助对口扶贫村建光伏电站[EB/OL]. https: //news.solarbe.com/201706/16/114877.html[2017-06-16].
国务院新闻办公室. 2016. 中国交通运输发展白皮书[EB/OL]. http: //www.gov.cn/zhengce/2016-12/29/content_5154095. html[2016-12-29].
何炜，刘俊生. 2017. 多元协同精准扶贫：理论分析、现实比照与路径探寻——一种社会资本理论分析视角[J]. 西南民族大学学报（人文社会科学版），38（6）：122-128.
何植民，邵红霞. 2017-08-30. 运用整体性治理思维实践精准扶贫[N]. 中国社会科学报，6.
鹤峰县扶贫开发办公室. 2017. 鹤峰县 2017 年脱贫攻坚整县“摘帽”形势分析及应对措施[EB/OL]. www. hbfp.gov.cn/zwdt/dcxj/31509. html[2017-03-08].
洪大用. 2017-10-09. 完善贫困治理体系推进贫困治理现代化[N]. 光明日报，11.
胡英. 2016-10-09. 邮政农村电商助力精准扶贫[N]. 西藏日报，3.
黄承伟. 2017-10-09. 精准扶贫思想的现实价值[N]. 光明日报，11.
黄承伟，覃志敏. 2015. 论精准扶贫与国家扶贫治理体系建构[J]. 中国延安干部学院学报（1）：131-136.
黄建. 2017. 论精准扶贫中的社会组织参与[J]. 学术界（8）：179-190.
黄平县环境保护局. 2016. 黄平县“十三五”环境保护规划[EB/OL]. http: //www.hpxhbj.gov.cn/wrfz/773465. shtml[2016-07-14].
黄平县水务局. 2016. 黄平县小型水利工程产权制度改革工作顺利通过州级验收[EB/OL]. http: //www.qdnzslj.gov.cn/info/1055/1752.html[2016-1-5].
黄勇. 2016-03-18. 补齐民族地区基础设施发展“短板”[N]. 贵州民族报，2.
焦方义，郭新利. 2017. 创新合作社、龙头企业与贫困户利益分红机制的精准扶贫对策研究[J].

理论观察（2）：18-21.
邝伟楠，孟萍. 2016-07-14. 民营企业积极加入扶贫攻坚[N]. 中国旅游报，1.
赖斌，杨丽娟. 2016. 精准扶贫视野下的少数民族民宿特色旅游村镇建设研究——基于稻城县香格里拉镇的调研[J]. 西南民族大学学报（人文社会科学版），37（12）：154-159.
李彩琴. 2016. 贵州松桃县供销合作社多措并举助农增收[EB/OL]. http: //www.chinacoop.gov.cn/HTML/2016/07/21/107692.html[2017-7-21].
李春亭. 2017-03-24. 更好推进健康扶贫，助力民族地区脱贫攻坚[N]. 中国民族报，6.
李丹，李鹏. 2017-04-21. 对民族地区精准扶贫的几点思考[N]. 四川日报，7.
李刚，徐虹. 2006. 影响我国可持续旅游扶贫效益的因子分析[J]. 旅游学刊，21（9）：64-69.
李俊杰. 2014. 集中连片特困地区反贫困研究：以乌蒙山区为例[M]. 北京：科学出版社：21-25.
李俊杰，陈浩浩. 2015. 民族地区扶贫开发的制约因素与基本思路[J]. 中南民族大学学报（人文社会科学版），35（6）：104-108.
李俊杰，付寿康，李为利. 2017. 精准扶贫背景下碳贫困破解路径研究——基于贵州六盘水市的调研[J]. 贵州民族研究，38（4）：156-162.
李木元. 2017. 少数民族健康扶贫需更多给力政策[EB/OL]. http: //www.rmzxb.com.cn/c/2017-04-10/1470387. shtml[2017-4-10].
李欣，田晓红. 2016. 连片特困民族地区中等职业教育生源现状分析——以甘南藏族自治州为例[J]. 当代教育实践与教学研究（7）：263-265.
李雪萍. 2016. 反脆弱发展：连片特困地区贫困治理的新范式[J]. 华中师范大学学报（人文社会科学版），55（3）：24-29.
李忠斌. 2017. 民族地区精准脱贫的“村寨模式”研究——基于 10 个特色村寨的调研[J]. 西南民族大学学报（人文社会科学版），38（1）：9-16.
刘呈艳. 2016. 少数民族地区全域旅游发展探析——以西藏拉萨市为例[J]. 黑龙江民族丛刊（6）：72-76.
刘璐琳. 2016. 集中连片特困地区产业扶贫问题研究[M]. 北京：人民出版社：136-143.
刘倩，石修雄. 2016-03-22. “绿水青山”渐成“金山银山”——龙胜探索生态旅游扶贫“三位一体”发展纪实[N]. 桂林日报，1.
刘涛. 2016. 西部少数民族地区精准扶贫的困境与出路[J]. 攀枝花学院学报，33（6）：19-25.
刘小珉. 2016. 农民满意度视角的民族地区农村扶贫开发绩效评价研究——基于 2014 年民族地区大调查数据的分析[J]. 民族研究（2）：29-41.
刘益，陈烈. 2004. 旅游扶贫及其开发模式研究[J]. 热带地理，24（4）：396-400.
刘占芳，肖春梅. 2016. 少数民族地区精准扶贫问题初探——以新疆巴里坤哈萨克自治县为例[J]. 新疆社科论坛（5）：29-35.
龙国贻. 2016-11-22. 文化扶贫要做“柔”文章（新论）[N]. 人民日报，5.
卢世菊，柏贵喜. 2017. 民族地区旅游扶贫与非物质文化遗产保护协调发展研究[J]. 中南民族大学学报（人文社会科学版），37（2）：74-79.
卢鹰，刘海，史梦. 2016. 旅游扶贫开发：从文化中挖掘经济潜能[EB/OL]. http: //www.nx.xinhuanet.com/2016-12/05/c_112720557.htm[2016-12-5].
陆汉文. 2015. 我国扶贫形势的结构性变化与治理体系创新[J]. 中共党史研究（12）：12-15.
陆汉文，黄承伟. 2016. 中国精准扶贫发展报告（2016）——精准扶贫战略与政策体系[M]. 北京：社会科学文献出版社：71-72.
吕方，梅琳. 2017. “复杂政策”与国家治理——基于国家连片开发扶贫项目的讨论[J]. 社会学研究（3）：145-168.
吕丽君. 2015. 民族地区村寨旅游扶贫路径选择[J]. 贵州民族研究，36（4）：132-135.
罗明军. 2015. 云南特有七个人口较少民族扶贫绩效调查研究[M]. 北京：中国社会科学出版社：38-47.
马国春. 2016-01-15. 民族地区更需要精准扶贫[N]. 中国民族报，8.
马锦卫，马尔体. 2017. 凉山彝区教育扶贫面临的问题及对策[J]. 中国民族教育（1）：20-23.
马克思. 1979. 1844 年经济学-哲学手稿[M]. 刘丕坤，译. 北京：人民出版社：120.
马妍. 2017. 农网改造助脱贫[EB/OL]. http: //hflz.hfweb.cn/Item/153987.aspx[2017-9-12].
毛丹. 2009. 赋权、互动与认同：角色视角中的城郊农民市民化问题[J]. 社会学研究（4）：28-60.
莫光辉. 2017a. 精准扶贫：贫困治理的价值之维与实践突破[J]. 改革与战略，33（2）：76-81.
莫光辉. 2017b. 五大发展理念视域下的少数民族地区多维精准脱贫路径——精准扶贫绩效提升机制系列研究之十一[J]. 西南民族大学学报（人文社会科学版），38（2）：18-23.
潘红祥. 2013-09-04. 民族地区生态文明建设的制度路径[N]. 光明日报，11.
覃涛. 2015-12-2. 鹤峰首座分布式光伏发电站并网发电[N]. 恩施晚报，1.
覃涛. 2014. 众手种植幸福花——国网鹤峰供电公司“1＋1＋1”扶贫帮困纪实[J]. 学习月刊，18：119-120.
彭小霞. 2017. 社会组织参与精准扶贫考察[J]. 开放导报（3）：93-97.
邱仁富. 2008. 文化共生论纲[J]. 兰州学刊（12）：155-158.
曲天军. 2017. 助力国家打赢脱贫攻坚战[J]. 当代电力文化（7）：16-17.
曲天军. 2016. 全国电商扶贫政策解读与实践[EB/OL]. http: //www.cnfpzz.com/dianshangfupin/2016/1029/9820.html[2016-10-29].
宋才发. 2017. 民族地区精准扶贫基本方略的实施及法治保障探讨[J]. 中央民族大学学报（哲学社会科学版），44（1）：5-11.
苏海，向德平. 2015. 社会扶贫的行动特点和路径创新[J]. 中南民族大学学报（人文社会科学版），35（3）：144-148.
苏祖勤. 2014. 民族地区乡镇服务型政府建设研究[M]. 北京：人民出版社：3-4.
孙光慧. 2016. 民族地区金融服务与特色产业精准扶贫耦合模式探索[J]. 西北民族大学学报（哲学社会科学版）（3）：154-159.

孙昕，起建凌，谢园元. 2015. 电子商务扶贫问题及对策研究[J]. 农业网络信息（12）：27-31.
孙兴微. 2015. 黄平县三举措扎实推进农田水利基础设施建设[EB/OL]. http: //www.gzgov.gov.cn/xwzx/gszdt/qdn/201512/t20151214_358970.html[2015-12-14].
孙志平，向志强. 2016. 广西：铁路“精准发力”助力扶贫攻坚[J]. 当代广西（12）：40.
谭国志，王远少. 2010. 非政府组织在农村发展中的角色研究——以 W 组织在广西扶贫为例[J]. 学会（4）：16-22.
谭同学. 2017. 参与式理论祛魅、文化自觉与精准扶贫——基于贵州 S 山区县的调查[J]. 北方民族大学学报（哲学社会科学版）（1）：22-28.
童星，严新明. 2017. 论马克思的社会时空观与精准扶贫[J]. 中州学刊（4）：76-80.
拓兆兵. 2016-09-13. 扶贫要抓好基础设施这个“关键”[N]. 经济日报，9.
万良杰. 2016. 供给侧结构性改革视阈下的民族地区“精准扶贫”[J]. 中南民族大学学报（人文社会科学版），36（6）：149-153.
汪向东，王昕天. 2015. 电子商务与信息扶贫：互联网时代扶贫工作的新特点[J]. 西北农林科技大学学报（社会科学版），15（4）：98-104.
汪向东，张才明. 2011. 互联网时代我国农村减贫扶贫新思路——“沙集模式”的启示[J]. 信息化建设（2）：6-9.
王海宝，施国庆，严登才. 2016. 精准扶贫视角下扶贫移民成本分担机制的构建[J]. 云南社会科学（6）：42-47.
王嘉伟. 2016. “十三五”时期特困地区电商扶贫现状与模式创新研究[J]. 农业网络信息（4）：17-21.
王杰，拉巴桑姆. 2016-11-22. 尚实干、勇作为、敢担当——青岛市第八批援藏工作纪实[N]. 西藏日报，11.
王君玲，刘益梅. 2009. 社会转型中的文化身份认同——以阿克塞、肃北、肃南少数民族调查为个案[J]. 甘肃社会科学（1）：247-250.
王敏，方铸. 2016. 创新财政与金融精准扶贫机制[A]//黄承伟，叶韬. 脱贫攻坚省级样板：贵州精准扶贫精准脱贫模式研究[M]. 北京：社会科学文献出版社：137-162.
王培安. 2016. 全面实施健康扶贫工程[J]. 行政管理改革（4）：36-41.
王黔京，沙勇，陈芳. 2017. 民族地区农村家庭健康现状调查与健康精准扶贫策略研究——基于云南省的抽样数据[J]. 贵州民族研究，38（6）：48-53.
王思斌. 2015. 社会工作参与社会治理的特点及其贡献——对服务型治理的再理解[J]. 社会治理（1）：49-57.
王永莉. 2013. 西部民族地区自我发展能力的培育——基于对口援助西藏扎囊县为例[J]. 西南民族大学学报（人文社会科学版），34（10）：138-142.
王瑀，蒲姝. 2013. 民族地区旅游扶贫开发与文化失忆的冲突机理分析[J]. 成都工业学院学报，16（3）：28-30.

韦应学. 2015-12-02. 加快基础设施建设 破解民族地区发展瓶颈[N]. 贵州民族报，3.
吴晓东，陈一君，谢天慧，等. 2015. 民族地区旅游扶贫长效机制研究——基于文化软实力建设的视角[M]. 北京：北京理工大学出版社：154.
伍新福，龙伯亚. 1992. 苗族史[M]. 成都：四川民族出版社：14-16.
伍义兵. 2016. 开启电商扶贫新模式[J]. 政策（2）：46-47.
武汉大学，中国国际扶贫中心. 2016. 中国反贫困发展报告（2016）——社会组织参与扶贫专题[M]. 武汉：华中科技大学出版社：7-8.
习近平. 2007. 之江新语[M]. 杭州：浙江人民出版社：186-187.
习近平. 2017a. 决胜全面建成小康社会 夺取新时代中国特色社会主义伟大胜利——在中国共产党第十九次全国代表大会上的报告[M]. 北京：人民出版社：9.
习近平. 2017b. 在深度贫困地区脱贫攻坚座谈会上的讲话[M]. 北京：人民出版社：4-8.
夏志辉，尹学东. 2017. 健康扶贫实施措施思考[J]. 合作经济与科技（6）：168-169.
新华网. 2013. 习近平赴湘西调研扶贫攻坚[EB/OL]. http: //cpc.people.com.cn/n/2013/1104/c64094-23421342-8.html[2013-11-4].
许典利. 2015. 民族地区农村留守儿童教育现状及对策[J]. 贺州学院学报，31（2）：120-123.
许锋华. 2016. 精准扶贫：民族地区职业教育发展的新定位[J]. 高等教育研究（11）：64-69.
严天亮，马宏. 2016. 近年来我国民族地区扶贫开发的概况与思考[J]. 黑龙江民族丛刊（6）：52-76.
杨德亮. 2012. 苦芦湾人：一个回民家族的记忆与认同[J]. 回族研究（3）：107-113.
杨浩，汪三贵，池文强. 2016. 少数民族地区精准脱贫进程评价与对策研究[J]. 贵州民族研究，37（7）：148-152.
杨军. 2006. 现状与对策：西北少数民族基础教育均衡发展研究[J]. 西北师大学报（社会科学版），43（5）：21-27.
杨小柳，田洁. 2011. 移出大石山区——一个搬迁扶贫社区的日常生活研究[M]. 北京：知识产权出版社：25.
俞可平. 2014. 论国家治理现代化[M]. 北京：社会科学文献出版社：26-30.
张立军. 2017. 职业教育教师队伍建设存在的问题及强化措施[J]. 教育与职业（7）：79-82.
张琦，王建民. 2013. 产业扶贫模式与少数民族社区发展[M]. 北京：民族出版社：199-201.
张瑞东，蒋正伟. 2015. 电商赋能·弱鸟高飞：电商消贫报告（2015）[M]. 北京：社会科学文献出版社：1.
张晓泉. 2016. 黄平县农田水利建设助力脱贫攻坚[EB/OL]. http: //news.xinmin.cn/domestic/2016/05/21/30054419.html[2016-5-21].
张晓泉. 2017. 黄平县水务局力求精准解决贫困缺水人口饮水困难[EB/OL]. http: //www.qdnhp.gov.cn/xwzx/bmdt/201705/t20170515_1808450.html[2017-5-15].
张欣，池忠军. 2015. 反贫困治理结构创新——基于中国扶贫脱贫实践的思考[J]. 求索（1）：

18-22.

赵静. 2016. 京东牵手贵州丹寨精准扶贫，签约启动“电商扶贫西南第一县”项目[EB/OL]. http: //gz.people.com.cn/n2/2016/0323/c222152-27993023.html[2016-3-23].

赵俊红. 2015. 民族基础教育功能发挥的现实障碍与优化路径[J]. 教育评论（2）：145-147.

赵黎. 2014-07-23. 民富城美，日喀则成高原明珠[N]. 青岛晚报，4.

郑长德. 2013. 基于新结构经济学视角的民族地区产业结构调整与升级研究[J]. 西南民族大学学报（人文社会科学版），34（12）：112-123.

郑瑞强. 2016. 精准扶贫政策的理论预设、逻辑推理与推进机制优化[J]. 宁夏社会科学（4）：118-122.

中国电子商务研究中心. 2017. 2017 京东电商精准扶贫年度报告（摘要）[EB/OL]. http: //www.100ec.cn/detail—6408246.html[2017-8-1].

中华人民共和国国家统计局. 2016. 中国统计年鉴[M]. 北京：中国统计出版社：527.

中华人民共和国水利部. 2015. 云南省水利扶贫工作成效显著[EB/OL]. http: //sym.mwr.gov.cn/jcslfpgz/201510/ t20151012_723494. html[2015-10-12].

周恩宇，卯丹. 2017. 易地扶贫搬迁的实践及其后果——一项社会文化转型视角的分析[J]. 中国农业大学学报（社会科学版），34（2）：69-77.

邹英，向德平. 2017. 易地扶贫搬迁贫困户市民化困境及其路径选择[J]. 江苏行政学院学报（2）：75-80.

左停，徐小言. 2017. 农村“贫困-疾病”恶性循环与精准扶贫中链式健康保障体系建设[J]. 西南民族大学学报（人文社会科学版），38（1）：1-8.

Easterly W. 2014. The Tyranny of Experts：Economists，Dictators，and the Forgotten Rights of the Poor[M]. New York：Basic Books.

Gordin M M. 1964. Assimilation Life：The Role of Race，and National Origins[M]. New York：Oxford University Press.

O'Connor A. 2002. Poverty Knowledge：Social Science，Social Policy，and the Poor in Twentieth-Century U. S. History[M]. Princeton：Princeton University Press.

Perri 6. 2011. Explaining Political Judgement[M]. Cambridge：Cambridge University Press.

Perri 6. 1997. Holistic Government[M]. London：Demos.

Schilcher D. 2007. Growth versus equity：The continuum of pro-poor tourism and neoliberal governance[J]. Current Issues in Tourism，10（2）：166-193.

Spagnolo J. 1999. Social relations and cooperation in organizations[J]. Journal of Economic Behavior and Organization，38（1）：1-26.

后　　记

精准扶贫既是一项国家战略，又是一场深刻的社会变革。大概在一年前，我有幸参加了湖北省恩施土家族苗族自治州咸丰县精准扶贫第三方评估工作。我负责联系验收的蛇盘溪村，依托原生态文化资源，发展土家特色村寨旅游，变旅游“地利”为脱贫“红利”。小山村的巨变见证了民族地区脱贫攻坚的力量，让我深切感受到中国数以千万计的贫困人口摆脱贫困、走向富裕的这一史诗般的伟大历史进程。从那时起，我便暗下决心，要深入调查研究，发挥专业所长，用手中之笔记录广大干部群众扶贫攻坚的生动实践，挖掘提炼和总结推广其中的经验、好做法，为破解民族地区精准扶贫难题贡献智慧。

研究需要仰望星空，但也要脚踏实地。为了使研究结论和对策建议更符合实际，民族地区精准扶贫课题组分成若干个专题调研组分赴湖南、贵州、湖北、云南、广西、重庆、青海、宁夏、内蒙古、西藏、吉林 11 个省（自治区、直辖市）的民族自治地方相关部门实地考察精准扶贫工作情况，收集了大量有价值的资料，为本书的顺利完成奠定了基础。在此，特向为课题调研提供支持和帮助的领导与工作人员表示感谢。我指导的硕士生余晨辉、杨欣、金铭、吴旦魁、刘学丹，以及本科生丁燕、左容、张灵聪、姜月坤、谢冬凌、赵坤剑、王志信、程思甜、张瀚文、王子寒、何勤、王昕怡、马琪、卢政、杜心怡、祁欣妍、滕瑞、戴亚铨、尹贤婷、谭颜等参与了课题调研和资料的整理，在这里也对他们的辛勤付出致以谢意。

人要懂得知恩感恩。在本书即将出版的时候，我要感谢华中师范大学张立荣教授、项继权教授和武汉大学丁煌教授对我的悉心指导，三位恩师的谆谆教诲和热情鼓励令我终生难忘。本书的出版得到了国家民委民族研究项目（编号：2015-GM-247）、中央高校基本科研业务费项目（编号：CSP17081）以及国家民委重点学科“行政管理”专业建设项目的资助。感谢中南民族大学副校长李俊杰教授、公共管理学院党委书记丁弘同志和院长吴开松教授，以及中南民族大学湖北民族地区经济社会发展研究中心主任苏祖勤教授、民族地区人地关系研究中心主任刘成武教授对本书的出版给予的大力支持。

当书稿即将杀青之时，我内心收获了满满的幸福感。这种幸福还来自于家人的爱。感谢我的父母，是他们铸就了我坚韧不拔的性格和豁达阳光的心态。感谢岳父岳母，他们奔波于武汉、黄石两地，照顾外孙，操持家务，使我能够专心学术。感谢我的爱人周锦雯女士，她一直默默地支持我，在繁忙的工作之余帮我打印资料、校对文稿，为我的事业倾注了大量心血。更要感谢我的宝贝女儿顗媛，她为枯燥的科研带来了乐趣，让我倍感生活的美好。对于家人，我自知亏欠他们太多，却又只能以学术上的微小进步作为对他们的些许慰藉，本书的付梓，就算是对他们的一份回报吧！

由于本人能力水平有限，相关数据获取的难度较大，书中难免有不足之处，恳请学界同仁和实际工作部门的同志不吝赐教。

方 堃

2017 年秋于武汉南湖玫瑰湾寓所